죽을 것만 같고, 죽일 것만 같은 내 고난의 연대기를 통과할 수 있었던 것은 하박국서 덕분이었다. 하박국서로 인해 나는 고난을 해석할 수 있었고, 그분이 내 발을 사슴과 같게 하셔서 높은 곳을 다니게 하실 것이라는 소망으로 일어설 수 있었다. 내 책이 사회 전체의 구조적인 악과 폭력에 의해 숨을 헐떡거리고 있는 희생자이자 개인과 사회적 모순의 담지자로서의 개인의 고뇌에 초점을 두고 있다면, 크리스토퍼 라이트의 하박국서는 폭력이 난무하는 세상 속에서 믿음으로 산다는 것이 무엇인지를 해석해 주는 책이다. 전 지구적 기후 위기와 잔인한 전쟁과 사회적 불평등과 양극화의 심화가 우리도 아니고 너도 아니고 나의 문제가 되고 있는 이 시점에 시의적절한 해설이 아닐 수 없다. 당신에게 하박국서는 어떤 성경인가? 우리 모두는 하박국서를 피할 수 없다. 왜 그러한가? 우리 모두가 우리 시대의 하박국'들'이기 때문이다. 작고 단단한 이 책이 모든 하박국'들'의 손에 들려지고, 읽혀지기를 바란다. 그리하여 하박국 처럼 믿고 살아나고 노래하기를 소망한다.

김기현 목사 한국침례신학대학교 종교철학 및 윤리교수, 『하박국, 고통을 노래하다』의 저자

재미와 엔터테인먼트가 넘치는 세상, 누릴 것과 즐길 것이 넘치는 세상. 그러나 그 속으로는 불의와 부조리와 불평등이 존재하고, 바깥으로는 빈곤과 기아와 전쟁이 버젓이 존재한다. 당신이

손에 들고 있는 이 강해서는 "부조리한 세상 속에서 어떻게 믿음으로 살 것인가"라는 질문에 대한 예언자 하박국의 메시지를 오늘을 살아가는 그리스도인들에게 선명하게 전달해 줄 것이다. 혼란한 세상을 살아가는 "의인"들을 위한 필독서이다.

김형국 목사 하나님나라복음DNA네트워크 대표

크리스토퍼 라이트의 다른 책들이 늘 그렇듯이, 이 하박국서 강해 역시 선교적이며 실천적인 동시에 신학적이다. 그래서 목회자인 나로서는 늘 그의 성경 연구서를 보며 다른 주석에서는 절대로 얻지 못했던 귀한 통찰과 묵상거리를 많이 얻게 된다. 특별히 '절대 이렇게 되어서는 안 될' 것 같은 세상을 바라보며 어째서 하나님은 침묵하고 계신지 의문을 품고 있는 성도들에게, 하박국의 질문과 외침과 고백들은 절절히 와닿을 것이다. 그러한 성도들에게 라이트는 현 시대의 여러 예시들을 들어 하박국의 목소리로 적절히 대답해 주고, 그 안에 숨겨진 선교적 함의에 대해 깊이 고민해 보도록 이끈다. 이렇게 깊은 책이 이렇게나 쉽고 즐겁게 읽힐 수 있다는 것이 참으로 놀랍다!

이정규 목사 시광교회 담임목사

악의 문제에 대한 논의는 인간이 겪는 고통과 분리되고 복음이 가져다주는 유익과 단절된 채 그저 지적인 연구에서 그칠 위험이 있다. 이와는 대조적으로 크리스 라이트가 강렬하면서도 감동적으로 쓴 이 강해서는 고대 배경을 통해 악의 문제를 현명하고 통찰력 있게 다루고 있다. 라이트는 곧 닥칠 바빌로니아인의 침략이라는 실존적 위협과 씨름하고 있던 예언자 하박국의 메시지를 조명한다. 저자는 '우리는 현재 우리가 처한 세상을 이해하지 못할 수도 있지만, 우리가 처한 현재의 이야기는 알고 있다. 그리고 우리는 바로 이 현재의 이야기를 계속 떠올리며 믿음을 견고히 해야 한다'라고 적절하게 요약하여 제시한다. 예언자 하박국이 한 일이 바로 이것이다.

폴 코판 플로리다 팜비치 애틀랜틱 대학교 철학 및 윤리학 Pledger Family 석좌 교수. 『Loving Wisdom: A Guide to Philosophy and Christian Faith and Is God a Vindictive Bully?』의 저자

크리스가 또 한 번 해냈다! 우리 세대에서 가장 신중하고 사려 깊은 성서학자이자 목회자인 크리스가 그의 신학적 통찰력과 성경에 대한 이해, 그리고 목회적 관심을 잘 녹여내어 오늘날을 살아가는 우리에게 하박국서의 메시지를 전달한다. 본 강해서는 현시대에 절대적으로 필요한 예언서의 메시지를 저자의 세심함으로 풀어낸 신선한 말씀이다. 앞으로 내가 하박국서를 설교하고 가르치면서 이 선물을 끊임없이 풀어볼 것이다.

히스 A. 토마스 오클라호마 침례대학교 총장 겸 구약학 교수. 케임브리지 커비 랭 공공신학 센터 Associate Fellow

크리스토퍼 라이트는 우리 시대의 많은 사람들이 신뢰할 수 있고 믿을 수 있는 성경 해석자이다. 저자는 성서학의 도구를 완벽하게 다루는 훌륭한 학자다. 또한 세상을 위한 신실한 선교적 백성을 양성하도록 우리의 현재 상황에 적용할 수 있는 하나님의 말씀에 귀 기울이는 세심한 목회자이기도 하다. 크리스가 성경 66권 중 또 하나의 성경 강해서를 출간하게 되어 매우 기쁘다. 이 얇은 강해서는 하나님의 말씀을 우리 시대에 적용할 수 있도록 설교자나 그룹 성경 공부 또는 개인 독서를 돕는 유익한 안내

서이다.

마이클 고힌 칼빈 신학대학원 선교신학 교수 겸 미셔널 훈련 센터 디렉터

현재 우리가 살아가고 있는 이때를 위한 책이 있다. 크리스토퍼 라이트는 특유의 명료함으로 하박국서가 우리 세상의 불안한 현실과 어떤 특별한 관련성이 있는지를 풀어내며, 하나님의 주권적 통치와 자비로운 돌봄에 대한 확신으로 우리를 안내한다. 본 강해서의 각 장은 성경과 그리스도인의 경험에서 깨우침을 주는 적용을 끌어냄으로써 어려운 시기를 지나고 있는 우리를 목회적으로 격려하고, 우리의 믿음을 견고하게 다지며, 우리의 흔들리는 마음에 뼈대를 세워 준다.

조나단 램 저자, 교사, 전(前) 랭엄 프리칭 디렉터

성경 신학자이자 말씀의 청지기인 크리스토퍼 라이트는 하박국이 살았던 암흑기를 우리 시대의 격동하는 지정학적 역사와 비교하며 우리를 안내한다. 저자를 통해 우리는 하박국 시대의 맥락과 역사를 배우고 심지어 하박국이 느꼈던 '감정'까지 경험하게 한다. 우리가 하박국서를 읽는 여정 도중에 도전을 받기도 하고 약간의 자극을 받기도 하지만, 크리스가 안내하는 대로 따라가다 보면 마침내 영광스럽고 희망찬 하박국서의 마지막 장으로 당도하게 된다. 거기서 크리스는 내가 그에게 기대했던 지혜, 즉 '우리는 하나님의 세상에서 매일 새롭게 된 믿음 가운데 하나님의 주권적인 선한 통치로 인해 살아간다'는 현명한 지혜를 펼쳐 보인다. 이 책은 모든 페이지에서 이런 믿음의 말씀을 깨달을 수 있다.

킴 토마스 아티스트, 저자, 테네시 네쉬빌 빌리지 채플의 큐레이터

하박국, 폭력의 세상에서 믿음으로 살다

크리스토퍼 라이트의 하박국서 강해

하박국, 폭력의 세상에서 믿음으로 살다

크리스토퍼 라이트의 하박국서 강해

초판 1쇄 인쇄 2024년 12월 24일
초판 1쇄 발행 2024년 12월 31일

지은이 | 크리스토퍼 라이트
옮긴이 | 조덕환
펴낸이 | 조덕환

펴낸곳 | 시들지않는소망
등 록 | 제2022-000061호
주 소 | 서울시 동대문구 고산자로 505, 2층 43호
전 화 | 070-4145-7564
이메일 | sisomang408@naver.com

카카오톡 | @siso_book
페이스북 | @sisomang408
인스타그램 | @siso.book

디자인 | 김태림

ISBN 979-11-987031-4-9   03230

하박국
폭력의 세상에서
믿음으로 살다

크리스토퍼 라이트의·하박국서 강해

크리스토퍼 라이트 지음

조덕환 옮김

Hearing the Message
of Habakkuk

목차

서문

제가 십대 시절 그리스도인으로서 읽었던 '진지한 책' 중 가장 먼저 기억나는 책은 마틴 로이드 존스의 하박국서 강해, 『두려움에서 믿음으로: 하박국 메시지』입니다. (제가 겨우 6살이었던!) 1953년 IVP에서 처음 출간된 이 책은 2차 세계대전 이후 폐허가 되었던 유럽과 1962년 핵무기 경쟁, 쿠바 미사일 위기 등으로 공포가 가득했던 냉전 시대에 막강한 영향력을 발휘했던 것으로 기억합니다. 제가 청소년기를 보냈던 그 시대는 참으로 '격동의 시대'였습니다. 로이드 존스의 예리한 렌즈를 통해 하박국서를 접하고 난 후, 제 청소년기 신앙은 한층 안정되었고 믿음도 견고해졌습니다(그뿐만 아니라 구약성경을 사랑하게 되었고, 구약 39권이 서로 강력하게 관련되어 있다는 것에 깊은 관심을 갖고 파고들게 되었습니다. 물론 이것은 별개의 이야기입니다).

그러나 하박국서에서 예언자 하박국이 묘사하는 세계는 (시간이 갈수록 점점 더 친숙해지고 있다고 말할 수 있는) 우리 시대를 비롯하여 인류 역사의 수많은 시대와 닮아 있기 때문에 변함없이 유의미한 성경입니다. 하박국의 시대와 우리 시대는 마치 하나님이 주무시고 계시는 것처럼 보일 정도로 국가적 차원의 죄악과 국제적 혼란 그리고 폭력이 난무하는 세상이(었)지만, 하나님께서는 여전히 "일하고" 계신다고 믿었던 세상입니다.

그래서 저의 십대 시절로부터 많은 시간이 흐른 지금, 제가 점점 나이 들수록 더욱 격변하는 세상을 보면서 (몇몇 아이는 이미 십대인) 제 손주들이 앞으로 반세기 동안 (그 전에 주님이 다시 오시지 않는 한) 어떤 세상을 물려받게 될지 진심으로 두렵습니다. 이런 생각을 하면서 질문, 항의, 긍정, 두려움, 믿음, 굳은 결심으로 뒤섞인 예언자 하박국의 격동하는 모습이 마치 제 마음을 대변하는 것 같다는 기분마저 들었습니다.

2018년 5월에 열린 연례 모임에서 하박국서를 강해할 수 있도록 저를 초대해 주신 메이드스톤 바이블 위크Maidstone Bible Week에 감사드립니다. 이 책에 실린 내용은 그날 저녁에 제가 전한 내용을 상당 부분 확장한 것입니다. 따라서 이 얇은 강해서는 하박국서에 대한 '주석서'라고 내세우고 싶지 않다는 점을 분명히 말씀드리고 싶습니다. 이 강해서는 그저 예언자 하박국의 메시지가 2,500년 전에 그랬던 것처럼, 오늘날에도 다시 울려 퍼지기를 바라는 시도일 뿐입니다. 이런 시도야말로 살아 계신 하나님의 말씀의 놀라운 능력을 나타내기 때문입니다.

마틴 로이드 존스의 강해서와 함께 제가 유용하다고 생각하는 주석서는 다음과 같습니다.

Baker, David W. *Nahum, Habakkuk and Zephaniah*. Tyndale Old Testament Commentaries. Downers Grove: IVP, 2009.
Prior, David. *The Message of Joel, Micah and Habakkuk*. The Bible

Speaks Today. Leicester, UK: IVP, 1998 (개정판은 2024년 말 IVP Academic에서 출간 예정).

Lamb, Jonathan. *From Why to Worship: An Introduction to the Book of Habakkuk*. Carlisle, UK: Langham, 2018 (이전에는 Authentic Media에서 출판, 2007).

Kassis, Riad A. *Frustrated with God: A Syrian Theologian's Reflections on Habakkuk*. San Bernardino, CA: CreateSpace, 2016.

Thomas, Heath A. *Faith Amid the Ruins: The Book of Habakkuk*. Transformative Word. Bellingham, WA: Lexham, 2016.

들어가는 말

일러두기

· 저자가 인용한 성경 본문을 한글로 옮길 때는 주로 새번역을 사용하였습니다. 이 외의 경우, 글의 논지가 새번역보다 다른 번역이 더 낫다고 판단이 될 때는 흐름에 더 알맞은 성경으로 적절하게 이용하였습니다. 모든 인용한 성경 본문은 그 끝에 번역 성경을 표기해 놓아 독자들의 혼란을 최소화하고자 하였습니다.

저자가 본문을 인용할 때 주로 NIV를 사용하였으나 ESV, The Message 등 다른 영어 번역을 사용한 경우 본문을 번역하여 제시하였으며 각 본문의 끝에 번역 성경을 표기해 놓았습니다.

· 생소한 인명이나 지명 또는 개념이 등장할 경우 독자의 편의와 이해를 돕기 위해 옮긴이 주로 간략한 설명을 해 놓았습니다.

· 저자가 바벨론과 바빌로니아를 혼용하여 사용함에 따라 저자의 사용 방법에 맞추어 그대로 번역하였습니다. 내용상 저자는 바벨론과 바빌로니아를 동일한 용어로 사용했음을 밝혀 둡니다.

우리는 하박국서를 읽어나가면서 하박국에 대해 알게 되는 것 외에는 아무것도 알 수 없습니다. 하지만 하박국은 우리가 마치 그를 잘 아는 것처럼 느낄 수 있도록 마음을 활짝 열고 있으니 낙심할 필요는 없습니다.

하박국은 자신을 "예언자 하박국"새번역이라고 부르는데, 이것은 아마도 성전 예언자 중 한 명으로서아모스는 이 그룹과는 구별된 개인으로 나옵니다. 암 7:14-15 공식적으로 붙여진 직함이었을 것입니다. 구약 예언서를 보면 여러 예언자는 시를 작곡하고 노래를 부르는 데 분명히 능숙했습니다. 그런데 하박국 3장과 같이, 하박국이 음악적 가락이 담긴 노래를 작곡한 대목을 보아 그가 다른 예언자들에 비해 특별히 더 전문적인 역할을 맡았음을 유추할 수 있습니다.

다른 예언자들과 마찬가지로 하박국도 하나님**으로부터** 말씀을 받고, 하나님**께** 대답할 준비가 되어 있습니다! 실제로 하박국이 하나님으로부터 받은 첫 번째 말씀은 그가 하나님께 처음 제기했던 불평에 대한 응답입니다. 하박국은 하나님으로부터 말씀을 듣기 전에 이미 하나님께 문을 두드린 것 같습니다. 이처럼 하박국은 하나님과의 만남에 있어서 놀라운 담대함을 가진 사람이며, 앞으로 우리가 보게 될 것처럼 놀라운 믿음을 가진 사람입니다.

하박국은 어느 시대에 살았을까요? 다른 예언자와 달리 하박국은 이스라엘이나 유다의 특정 왕을 언급하지 않습니다. 그러나 그는 백성들 사이에 도덕적으로나 사회적으로 악이 만연했던 시대상황을 묘사하고 있으며, 느부갓네살 치하에서 일어난 바빌로니아 제국의 급부상1:6에 대한 환상을 보게 됩니다. 이 두 가지 사실은 유다 왕국의 마지막 수십 년, 특히 여호야김 왕기원전 609-598년 재위의 통치 기간과 잘 맞아 떨어집니다.

이것으로 보아 하박국은 아마도 선한 왕 요시야의 통치 기간에 사역이 시작되어, 여호야김, 여호야긴, 시드기야의 통치를 거쳐 기원전 587년 예루살렘 포위와 멸망 이후 바벨론 유배 기간까지 40년간 지속된 예언 사역을 했던 예레미야와 동시대 인물일 것입니다. 하박국의 사역 기간은 예레미야보다 훨씬 더 짧았을 수도 있지만, 하박국서에 있는 짧은 장들의 정보만으로는 그가 얼마나 오랫동안 활동을 했는지 알 수 없습니다. 그러나 적어도 하박국이 하나님 앞에 제기한 문제^{바벨론의 부상}와 그에 대한 하나님의 응답이 여호야김의 통치 초기, 즉 바벨론이라는 거대한 위협이 다가오고 있던 시기에 일어났을 것이라는 점은 분명합니다.

그럼 이제부터 하박국 시대의 세계가 어떤 모습이었는지, 먼저 국제 제국의 세계와 작은 왕국 유다의 국내 상황을 살펴봅시다.

국제 정세 : 거의 백오십 년 동안 전 지역을 통치했던 아시리아 제국이 무너지기 시작했습니다. 아시리아는 히스기야 통치 시절인 기원전 701년에 예루살렘을 공격하고 포위했던 제국입니다. 당시 하나님은 예언자 이사야가 묘사한 대로 기적적인 구원을 이루셨습니다^{사 36-37장}. 그러나 그 한 번의 좌절에 굴하지 않고 아시리아 제국은 마치 무적인 것처럼 다시 일어나 공격을 퍼부었습니다. 하지만 모든 제국은 결국 자신의 거대한 몸집을 버티지 못하고, 하나님의 심판에 무너지기 시작합니다.

기원전 627년 아시리아의 위대한 왕 아슈르바니팔이 죽었습니다. 그는 아시리아 제국의 마지막 강력한 왕이었으며, 같은 해에 하나님께서는 어린 예레미야를 예언자로 부르셨습니다. 이 두 가지 일은 모두 요시야 통치 13년에 일어났습니다렘 1:2. 요시야는 이스라엘의 하나님 야웨를 향한 충성심을 갱신하고자 아시리아에 대한 저항을 강화하는 정책을 추진할 뿐만 아니라 유다의 독립을 재추진하려고 했으며 종교 개혁을 단행한 왕이었습니다왕하 22–23장.

하지만 비극적이게도 요시야 왕은 기원전 609년 므깃도 전투에서 전사했습니다. 요시야는 이집트 군대가 신흥 강대국으로 떠오르던 바벨론에 맞서 아시리아에게 지원을 요청하려 했으나 어리석게도 이를 막으려고 했습니다. 결국 이집트 군대는 유다를 물리쳤고 요시야는 죽임을 당하고 (나라 전체가 크게 슬퍼했으며) 유다는 이집트 세력 아래에 놓였지만 그 지배가 그리 오래 가지는 않았습니다.

기원전 605년, 유다 북부에서 꽤 떨어진 갈그미스 지역에서 벌어진 전투에서 바벨론 왕 느부갓네살이 이집트–아시리아 연합군을 결정적으로 물리치고, 이 지역 전체에 바벨론의 세력을 확립했습니다. 이는 아시리아 제국의 종말과 함께 앞으로 약 70년간 지속될 바빌로니아 제국의 시작을 의미했습니다. 같은 해기원전 605년 느부갓네살은 예루살렘을 잠시 포위했었는데, 아마도 유다의 반란에 대해 경고

하기 위함이었을 것입니다유다는 이 경고를 귀담아 듣지 않았습니다. 그때는 다니엘과 세 친구를 포함한 일부 사람들이 유배를 갔던 때 입니다단 1:1-2. 결국 기원전 605년부터 유다 왕국은 그 지역 의 다른 작은 국가들과 함께 바빌로니아 제국의 속국이 되 었습니다.

당시 고대 근동 지역 전체는 수십 년 동안 혼란에 휩싸 여 있었습니다. 한 제국이 무너지고 다른 제국이 그 자리 를 대신하는 일들이 연속해서 일어났습니다. 이집트와 메 소포타미아라는 강대국들의 경쟁에 휘말린 작은 나라들— 특히 유다와 같은 나라들—은 이 모든 상황으로 인해 미래 에 불확실함과 공포감이 클 수밖에 없었을 것입니다. '고 래 싸움에 새우등 터진다'라는 속담이 있듯이 말입니다. 하박국은 자신이 도저히 이해할 수 없는, 그래서 두려움과 의문으로 가득한 세상의 한가운데서 괴로운 마음을 가지 고 하나님께로 나아갑니다.

국내 정세 : 요시야 왕이 유다의 개혁을 위해 고군분투했 지만, 유다는 여전히 악한 왕 므낫세기원전 687~640년간 통치의 통치 에 의해 남겨진 적폐로 고통받고 있었습니다. 므낫세의 오 랜 통치 기간을 지나며 백성들은 우상 숭배와 온갖 종류의

악행에 빠져들었습니다. 다음에 나올 내용은 므낫세의 통치에 대한 성경 기록의 일부입니다.

¹ 므낫세는 왕이 되었을 때에 열두 살이었다. 그는 예루살렘에서 쉰다섯 해 동안 다스렸다. 그의 어머니는 헵시바이다. ² 므낫세는 주님께서 보시기에 악한 일을 하였다. 그는, 주님께서 이스라엘 자손이 보는 앞에서 쫓아내신 이방 사람들의 역겨운 풍속을 따랐다. ³ 그는 아버지 히스기야가 헐어 버린 산당들을 다시 세우고, 바알을 섬기는 제단을 쌓았으며, 이스라엘 왕 아합이 한 것처럼, 아세라 목상도 만들었다. 그는 또 하늘의 별을 숭배하고 섬겼다. ⁴ 또 그는, 주님께서 일찍이 "내가 예루살렘 안에 나의 이름을 두겠다" 하고 말씀하신 주님의 성전 안에도 이방신을 섬기는 제단을 만들었다. ⁵ 주님의 성전 안팎 두 뜰에도 하늘의 별을 섬기는 제단을 만들어 세웠다. ⁶ 그래서 그는 자기의 아들들을 불살라 바치는 일도 하고, 점쟁이를 불러 점을 치게도 하고, 마술사를 시켜 마법을 부리게도 하고, 악령과 귀신을 불러내어 물어 보기도 하였다. 이렇게 하여 그는, 주님께서 보시기에 악한 일을 많이 하여, 주님께서 진노하시게 하였다.

¹⁶ "… 더욱이 므낫세는, 유다로 하여금 나 주가 보기에 악한

일을 하도록 잘못 인도하는 죄를 지었으며, 죄 없는 사람을
너무 많이 죽여서, 예루살렘이 이 끝에서부터 저 끝에 이르
기까지, 죽은 이들의 피로 흠뻑 젖어 있다."

(왕하 21:1-6, 16절, 『새번역』)

요시야는 몇 가지 주요 개혁을 단행하고 여러 우상들의
외적인 덫을 제거 했지만, 곧이어 왕이 된 그의 아들 여호
야김은 아버지의 정책을 비극적으로 뒤집었고, 교만하고
과시적이며 억압적인 방식으로 유다를 통치했습니다. 다
음에 나오는 내용은 예레미야가 여호야김을 선한 왕 요시
야와 비교하며 여호야김에게 내린 평가입니다.

13 "불의로 궁전을 짓고,

    불법으로 누각을 쌓으며,

    동족을 고용하고도,

    품삯을 주지 않는 너에게 화가 미칠 것이다.

14 '내가 살 집을 넓게 지어야지.

    누각도 크게 만들어야지' 하면서,

    집에 창문을 만들어 달고,

    백향목 판자로 그 집을 단장하고,

붉은 색을 칠한다.

15 네가 남보다 백향목을 더 많이 써서,

집 짓기를 경쟁한다고 해서,

네가 더 좋은 왕이 될 수 있겠느냐?

네 아버지가 먹고 마시지 않았느냐?

법과 정의를 실천하지 않았느냐?

그 때에 그가 형통하였다.

16 그는 가난한 사람과 억압받는 사람의 사정을 헤아려서 처

리해 주면서,

잘 살지 않았느냐?

바로 이것이 나를 아는 것이 아니겠느냐?

나 주의 말이다.

17 그런데 너의 눈과 마음은

불의한 이익을 탐하는 것과

무죄한 사람의 피를 흘리게 하는 것과

백성을 억압하고 착취하는 것에만 쏠려 있다."

(렘 22:13-17, 『새번역』)

앞서 말씀드렸듯이, 하박국이 하나님께 질문을 드리고
혼란스러운 응답을 들었던 때는 아마도 여호야김의 통치

때였을 것입니다.

그때는 정말 여러 의미로 끔찍한 시대였습니다!

● **사회와 경제** : 빈곤, 사회적 불평등, 성 불평등, '엘리트 계층'의 교만한 착취, 강탈, 땅과 안보의 상실로 인한 모든 고통이 증가했습니다렘 7장 및 22장 참조. 유다는 점점 더 타락하여 악의 소용돌이로 빠져들고 있었고, 악한 가해자들은 교묘하게 책임을 회피하고 있었습니다. 이것이 하박국이 하나님께 첫 번째로 불평하는 계기가 되었습니다.

● **종교** : 다른 신들에 대한 혼합주의적 숭배렘 2장와 동시에 이스라엘의 하나님 야웨께서 항상 그분의 도시를 지켜 주실 것이라는 확신역설적으로 현실에 안주하는 위험한 상태였습니다이 뒤섞여 있었습니다. 하나님의 백성은 자신들이 주님의 성전에서 계속해서 예배드리는 한 안전할 것이며, 하나님은 당신의 성전이 파괴되는 것을 절대 허락하지 않으실 것이라고 확신했습니다. 이 얼마나 어리석은 생각입니까!렘 7장

● **정치** : 국제 정세가 매우 혼란스러웠기 때문에 유다의 정치적 입장은 상황에 따라 오락가락 했습니다. 예루살렘에서는 반-바빌로니아 당과 친-바빌로니아 당 사이에 끊임없는 갈등이 있었습니다. 예레미야는 하나님께서 (하

박국에게 말씀하신 것처럼) 느부갓네살을 일으켜 세우셨고, 현재로서는 그 왕에게 복종하는 것이 최선이라고 말했기 때문에 반–바빌로니아 당에게 심한 핍박을 받았습니다. 예레미야의 발언은 그 누구에게도 호응을 받기 어려운 사람으로 만든 전복적인 말입니다. 그로 인한 결과로 예레미야는 폭행이나 살해 시도를 여러 번 당해야 했으며 가까스로 목숨을 건질 수 있었습니다. 예레미야가 가까스로 목숨을 건진 것과는 다르게 다른 예언자들은 운이 좋지 않았습니다. 우리야가 그런 경우에 해당합니다렘 26:20–23. 권력을 향해 진실을 말하는 것은 위험한 일이었던 것입니다!

이렇게 본다면 하박국은 우리가 살아가는 시대와 비슷한 세상에 살았다는 것을 알 수 있습니다. 그때는 팽팽한 국제적 긴장, 한 시대를 호령했던 초강대국의 쇠퇴와 또 다른 초강대국의 부상, 강대국들의 갈등 가운데 짓밟히기 쉬웠던 약소국들의 불안과 공포, 합종연횡 등으로 인해 혼란 그 자체인 상황이었습니다. 동시에 도덕·종교적 유대감과 전통의 균열로 인해 유다 사회는 사회적 해체와 타락이라는 몸살을 앓고 있었습니다. 국제, 정치, 종교, 도덕의 혼란과 견제되지 않는 악이 만연했던 이 모든 상황을 단순히 '혼란스럽다'고 표현하기에는 부족할 정도로 세상은 매우 혼탁했습니다.

당시는 어두운 시기였습니다. 참혹한 시기였습니다. 이해하기 어려운 세상이었습니다. 하박국은 이런 상황에 대해 뭐라고 말했을까요? 더 중요한 것은 하나님께서 이런 상황을 두고 뭐라고 말씀하셨을까요?

제2차 세계대전이 끝나고 약 80년이 지난 오늘날, 우리는 그동안(그리고 제 생애 동안) 많은 일들을 겪어왔습니다.

- 냉전의 무서운 피해망상과 냉전의 종말.
- 남아프리카공화국에서 아파르트헤이트 남아공의 극단적 인종차별정책과 제도—옮긴이의 시행과 철폐.
- 소련의 붕괴와 러시아의 국제적 영향력 회복.
- 경제 · 정치적 영향력이 커지는 중국의 부상.
- IS와 이슬람 극단주의의 부상 그리고 이에 맞선 아랍의 봄.
- 전 세계 여러 나라에서 횡행한 권위주의, 포퓰리즘, 독재, 폭력 정권.
- 미국의 도널드 트럼프와 영국의 보리스 존슨 및 브렉시트 현상.

- 20년 만에 아프가니스탄에서 벌어진 서방 군대의 굴욕적인 완패.

- 전쟁, 기근, 기후 재난, 대량 학살을 피해 피난길에 오른 난민과 이주민의 물결과 파도.

- 예멘, 미얀마 로힝야족, 에티오피아 등에서 발생한 인재.

- 기후 혼란과 지구 온난화의 급증하는 위협.

- 전 세계적으로 불어닥친 코로나19 팬데믹의 폐해와 이로써 드러난 국가 간, 그리고 국가 내에 여전히 잔존하고 있던 심각한 불평등과 불공정, 그리고 이것을 악화시킨 방식.

- 러시아의 우크라이나 침공과 이로 인한 인명 피해, 사회 기반 시설 파괴, 생태계 파괴의 피해.

- 수십 년 동안 전례가 없었던 이스라엘에서의 새로운 전쟁 발발과 그 폭력성.

그리고 이 목록은 지금도 계속해서 갱신되고 있습니다. 이토록 세상이 무서운데 누가 이러한 세상을 이해할 수 있을까요?

하나님의 주권, 정의, 사랑을 믿는다는 것이 무엇을 의미하는지, 현시대를 살아가며 고민하는 우리에게 하박국은 어떤 방식으로 도움을 줄까요? 폭력적이고 불의한 세상 속에서 어떻게 하면 주 예수 그리스도의 신실한 제자로 살아갈 수 있을까요? 하박국이 던진 질문과 그가 받은 놀라운 응답이 어떤 것이었는지 함께 찾아가는 여정을 떠나 봅시다.

제1장

하나님의 침묵에 의문을 품다:

하나님이 악한 사람들에 대해
어떤 조치도 취하지 않으실 때

하박국은 예언자들 중에서도 유별난 편입니다. 하박국은 독특하게도 백성에게 전할 하나님의 말씀으로 시작하지 않고, 도리어 하나님께 자신의 말을 직접 전하는 것으로 발언을 시작합니다. 그러고는 곧이어 하나님과의 논쟁으로 이어갑니다. 이 점에서 하박국은 욥과 닮았습니다. 욥은 자신의 감정이나 질문을 억누르기를 거부합니다.

> 그러나 나는 입을 다물고 있을 수 없습니다.
> 분하고 괴로워서, 말을 하지 않고는 견딜 수 없습니다.
>
> (욥 7:11, 『새번역』)

물론 욥의 경우에는 모든 논쟁에서 자신이 갈수록 불리해질 것을 예상하고 걱정하는 눈치이긴 합니다(그렇다고 해서 자신의 감정을 숨기지는 않습니다!).

14 내가 어찌 감히 그분에게 한 마디라도 대답할 수 있겠으며,

내가 무슨 말로 말대꾸를 할 수 있겠느냐?

15 비록 내가 옳다 해도 감히 아무 대답도 할 수 없다.

다만 나로서 할 수 있는 일은 나를 심판하실 그분께 은총

을 비는 것뿐이다.

16 비록 그분께서 내가 말하는 것을 허락하신다 해도,

내가 부르짖는 소리를 귀기울여 들으실까?

17 그분께서 머리털 한 오라기만한 하찮은 일로도 나를 이렇

게 짓눌러 부수시고,

나도 모를 이유로 나에게 많은 상처를 입히시는데,

18 숨돌릴 틈도 주시지 않고 쓰라림만 안겨 주시는데,

그분께서 내 간구를 들어 주실까?

19 강한 쪽이 그분이신데,

힘으로 겨룬다고 한들 어떻게 이기겠으며,

재판에 붙인다고 한들 누가 그분을 재판정으로 불러올 수

있겠느냐?

(욥 9:14-19, 『새번역』)

반면 하박국에게는 욥과 같은 그런 두려움이나 압박감
은 없는 것 같습니다. 하박국은 대답을 들을 때까지 하나

님께 귀를 기울일 것입니다.

　이와 마찬가지로 예레미야도 하나님께 솔직하게 질문하고 매우 대담하게 불평을 퍼붓습니다.

> 주님, 제가 주님과 변론할 때마다,
> 언제나 주님이 옳으셨습니다.
> 그러므로 주님께 공정성 문제 한 가지를 여쭙겠습니다.
> 어찌하여 악인들이 형통하며,
> 배신자들이 모두 잘 되기만 합니까?
> (렘 12:1, 『새번역』)

> 어찌하여 저의 고통은 그치지 않습니까?
> 어찌하여 저의 상처는 낫지 않습니까?
> 주님께서는, 흐르다가도 마르고 마르다가도 흐르는
> 여름철의 시냇물처럼, 도무지 믿을 수 없는 분이 되셨습니다.
> (렘 15:18, 『새번역』)

　성경에 이같은 질문을 허용하시는 하나님의 특징이 기록된 점은 참으로 놀랍습니다. 가인이 하나님께 자신이 동생을 지키는 자가 되어야 하느냐고 거칠게 따져 물었던 것처럼창 4:9, 어떤 질문은 하나님을 향한 악한 반항심에서 비롯됩니다.

그러나 많은 경우에 하나님을 향한 질문은 어떤 특정한 상황 가운데 놓이도록 허락하신 하나님의 의도를 이해하지 못한 신실한 하나님의 종들로 부터 나옵니다. 이러한 질문은 대개 고통스럽거나 절망적인 상황에서 던지는 질문입니다. 모세와 엘리야와 많은 시편 기자들은 다양한 상황 한 가운데서 하나님께 질문을 던집니다.

물론 이런 것 중 가장 심오한 질문은 예수님이 십자가에서 (하박국이 항의한 모든 것을 포함하여) 인간의 죄의 무게를 짊어지시고 극심한 고통을 겪으면서 시편 22편의 첫 질문을 하셨던 바로 그때입니다. "내 하나님이여 내 하나님이여 어찌 나를 버리셨나이까."

따라서 만약 지금 여러분의 머릿속에 온갖 질문들이 가득 차서 도저히 정리조차 되지 않은 질문들을 하나님께 하고있는 모습 보인다면 … 아주 정직하게 그리고 아주 성경적으로, 여러분은 하나님과 아주 좋은 교제를 맺고 있는 것입니다! 이어서 마음을 가다듬고 계속 읽어 나가기를 바랍니다.

하박국의 불평 (1:2-4)

2 여호와여 내가 부르짖어도

　주께서 듣지 아니하시니 어느 때까지리이까

　내가 강포로 말미암아 외쳐도

　주께서 구원하지 아니하시나이다

3 어찌하여 내게 죄악을 보게 하시며

　패역을 눈으로 보게 하시나이까

　겁탈과 강포가 내 앞에 있고

　변론과 분쟁이 일어났나이다

4 이러므로 율법이 해이하고

　정의가 전혀 시행되지 못하오니

　이는 악인이 의인을 에워쌌으므로

　정의가 굽게 행하여짐이니이다

　(1:2-4, 『개역개정』)

　하박국은 두 가지 질문을 던집니다. 첫 질문은 "어느 때까지…"^{2절}이고, 두 번째 질문은 "어찌하여…"^{3절}입니다. 그리고 두 질문 뒤에 사실상 하나님에 대한 고발에 해당하는 진술인 "이러므로…"^{4절}라는 말이 이어집니다. 모든 발언이

날것 그대로일 뿐만 아니라 예리하기까지 합니다. 하나님
은 이러한 질문에 귀를 기울이셔야 합니다.

하박국은 자신이 말한 문제들을 두고 오랫동안 씨름을
한 끝에 감정이 폭발한 것 같습니다. "어느 때까지…"라는
질문은 하박국이 이미 긴 시간을 하나님께 부르짖으며 응
답을 기다렸지만 아무런 응답을 받지 못했음을 암시합니
다. 대부분의 성도님들은 이러한 경험에 익숙할 것입니다.

"어느 때까지…"는 "주님, 제게도 한계가 있습니다. 주
님께서 빨리 응답하지 않으시면 이 모든 고통과 괴로움을
더 이상 견딜 수 없습니다"라고 말하는 것과 같습니다.

"어찌하여…"라는 질문은 "이런 모든 일이 왜 저에게
일어난 것인지 그 이유와 설명이 필요해요. 응답해 주세
요. 모든 것이 너무 무의미하고 모순적으로 보여요. 왜 이
런 일이 일어났는지 제발 말씀해 주세요. 제 주변 세상에
서 일어나는 일들을 도무지 이해할 수가 없어요"라는 의미
입니다.

하나님의 침묵은 너무나 깊어서 하박국은 그분께 도달
할 수 없고, 이제는 더 이상 이러한 상황을 참을 수도 없습
니다. 하박국서는 이러한 고통스러운 질문과 발언으로 우
리의 귓가에 울려 퍼집니다.

하박국의 불만을 좀 더 자세히 살펴봅시다. 하박국은 하나님께서 왜 할 수 있으심에도 불구하고 하지 않으시며, 또 어째서 해야 할 일을 하지 않으시는지 이해할 수 없습니다. 그리고 하나님이 정죄하신 일들은 왜 그냥 내버려 두는 것처럼 보이는 것인지 도무지 이해할 수가 없습니다. 혹시 하나님의 눈이 어두워졌거나 무력해지기라도 하신 걸까요?

하박국이 알고 있는 방식대로 행하지 않으시는 하나님 (1:2)

먼저 하나님은 하박국의 불평을 들으실 수 있고 또 그것을 들어주셔야 하지만, 당장 그렇게 하지는 않으십니다 (2절).

> 살려 달라고 부르짖어도 듣지 않으시고,
> "폭력이다!" 하고 외쳐도 구해 주지 않으시니,
> 주님, 언제까지 그러실 겁니까?
> (1:2, 『새번역』)

하박국은 이스라엘의 주 야웨께서 들으시는 하나님이

라는 것을 이미 알고 있습니다. 이스라엘 역사상 가장 위대한 사건이 시작된 것은 하나님께서 들으셨기 때문입니다. 하나님께서는 자기 백성의 부르짖음을 들으시고, 노예 생활의 비참함을 보시고, 그들을 긍휼히 여김으로써, 출애굽이라는 위대한 역사가 시작되게 하셨습니다. 야웨는 들으시는 하나님입니다.

> 23b 이스라엘 자손은 고된 노동으로 말미암아 탄식하며 부르짖으니 그 고된 노동으로 말미암아 부르짖는 소리가 하나님께 상달된지라 24 하나님이 그들의 고통 소리를 들으시고 하나님이 아브라함과 이삭과 야곱에게 세운 그의 언약을 기억하사 25 하나님이 이스라엘 자손을 돌보셨고 하나님이 그들을 기억하셨더라
>
> (출 2:23b-25, 『개역개정』)

하박국은 이와 같은 주제의 시편을 알고 있었을 것이고, 이 시편이 자신에게도 이루어지기를 바랐을 것입니다.

> 내가 환난 중에서 여호와께 아뢰며
> 나의 하나님께 부르짖었더니

그가 그의 성전에서 내 소리를 들으심이여

그의 앞에서 나의 부르짖음이 그의 귀에 들렸도다

(시 18:6, 『개역개정』)

하박국의 부르짖음은 훨씬 더 익숙한 다음의 부르짖음
처럼 들립니다.

1 내 하나님이여 내 하나님이여 어찌 나를 버리셨나이까

어찌 나를 멀리 하여 돕지 아니하시오며

내 신음 소리를 듣지 아니하시나이까

2 내 하나님이여 내가 낮에도 부르짖고 밤에도 잠잠하지 아

니하오나

응답하지 아니하시나이다

(시 22:1-2, 『개역개정』)

성도라면 누구나 이런 경험을 할 때가 있습니다. 우리
가 끊임없이 하나님을 부르며 찬송하고,[1] 우리의 기도를

---

1 브라이언 덕슨(Brian Doerksen, '나의 마음을 정금과 같이', '예수 열
방의 소망' 등 수많은 명곡을 만들고 부른 캐나다 출신의 CCM 가

하나님께서 들으신다고 아무리 믿으려고 해도 하나님께서 전혀 듣지 않으시는 것처럼 느껴질 때 말입니다.

제 인생에도 오랜기간 동안 하나님께서 제 기도에 응답하지 않으실 것만 같았던 때가 있었습니다. 아니, 오히려 제가 다른 사람들을 위해 드렸던 기도에는 매우 아름답고 감동적인 방식으로 종종 하나님께서 응답해 **주셨지만**, 제 자신을 위해 아주 구체적인 기도제목을 담아 드렸던 기도에는 응답해 주지 않으셨던 시기였습니다. 그때는 참 힘들고 외롭고 시험에 들기도 했습니다.

그리고 두 번째로, 하박국은 하나님께서 **구해 주실 수** 있고 또 그렇게 해주셔야 함에도 불구하고, 듣지도 구해 주지도 않으신다고 불평합니다.

살려 달라고 부르짖어도 듣지 않으시고,

"폭력이다!" 하고 외쳐도 구해 주지 않으시니,

주님, 언제까지 그러실 겁니까?

(1:2, 『새번역』)

수이자 워십 리더─옮긴이)의 노래 '신실하신 하나님 변치 않으시는 분'에서처럼 말입니다.

하박국은 야웨께서 구원하시는 하나님이라는 사실을 확실히 알고 있었습니다. 이 사실은 하나님 당신의 백성에 대한 모든 이야기에서 밝히 드러납니다. 실제로 야웨의 구원하시는 능력은 그분을 규정하는 성품 중 하나입니다. "주는 나의 구원의 하나님"이라는 외침은 수많은 시편에서 등장합니다. 그리고 이러한 하나님의 탁월한 속성과 능력은 출애굽 사건에서도 결코 잊을 수 없을 만큼 분명하고도 분명하게 드러났습니다. 그렇기 때문에 야웨의 이름은 구원, 구출, 구속, 구조, 해방과 같은 모든 어휘를 포함해서 출애굽 사건과 영원한 관계를 맺습니다. 히브리어에는 '사람들을 고통이나 위험, 또는 죽음에서 건져 올리는 행위'를 나타내는 단어가 영어^{그리고 한국어—옮긴이}만큼이나 많습니다. 그리고 그러한 구원을 표현하는 단어 중 하나는 하나님의 아들 **예수님**의 이름 안에 담겨 있습니다. 즉, 히브리어로 예슈아 또는 예호수아^{여호수아}라는 이름의 그리스어 형태인 예수님 즉, "주님이 구원하신다"는 뜻을 가진 이 이름 안에는 구원의 영원함이라는 의미가 담겨있습니다. 시므온이 구원하시는 하나님인 아기 예수님을 품에 안고 "내 눈이 **주의 구원**을 보았사오니"라고 외친 것은 당연한 일입니다^{눅 2:30; 굵은 글씨는 저의 강조 표현입니다}.

사실이 그렇다면 우리는 이에 동의할 수 있습니다.

하나님은 당신의 백성 전체를 이집트의 폭력에서 구원하셨습니다. 또한 수많은 시편 기자들을 대적의 폭력으로부터 구원하셨습니다. 예를 들어 시편 3, 13, 18, 30, 40편 등을 살펴보면 요점을 알 수 있을 겁니다. 하박국은 제가 열거한 이 모든 이야기와 성경 구절을 다 알고 있었습니다. 야웨께서 구원의 하나님이라는 것 말입니다.

그러나 하박국은 자신의 주변에 보이는 것은 오로지 **"폭력!"**뿐이라고 말하고 있습니다. 하박국이 오랫동안 하나님께 부르짖고 있지만 하나님은 피해자들을 구원하지 **않고** 계십니다. 구원하시는 하나님은 정작 필요할 때는 어디에 계시는 걸까요? 만약 다른 사람들에게 하나님의 도우심이 필요하고 여러분은 그런 그들을 대신하여 하나님께 간구할 때 하나님은 어디에 계실까요? 하나님의 구원하시는 역사는 모두 과거에만 머무는 것일까요? 하나님은 지금 이 세상에서 벌어지는 폭력과 억압의 희생자들에게는 관심이 없으신 걸까요? 저는 우리가 살아가는 세계 곳곳에서 끔찍한 대량 학살이 벌어졌다는 소식이나 지금도 수백만의 사람들이 등골이 빠지도록 착취당하고 있으며 끔찍한 빈곤에 그대로 노출되고 있다는 소식을 들을 때면 가슴이 무너져 내리는 격한 감정에 휩싸여 이런 의문을 품을 때가 너무도 많습니다.

하박국서에서 '폭력'하마스은 핵심어입니다. 이 단어는 하박국 1:3에 나오는 죄악의 목록에 있는 것을 포함하여, 총 여섯 번이나 등장합니다. 1:2에서 하박국의 부르짖음은 이 폭력으로 인한 일종의 외침, 즉 도움을 요청하는 부르짖음입니다. 이는 마치 어느 무고한 희생자가 잔인하게 공격당하는 것을 목격한 어떤 사람이 경찰이나 누군가가 이 폭력에 개입해 주기를 바라며 외치는 소리와 같습니다.

이렇게 하박국의 불평은 첫 포문을 엽니다. 하박국이 알고 경배하고 신뢰하는 하나님은 다름 아닌 야웨이십니다. 야웨께서는 정의롭고 긍휼한 하나님이시며, 들으시고 구원하시는 성품을 가진 분입니다. 야웨는 폭력으로 인해 희생당한 자의 부르짖음을 들으시고 구원하시는 하나님입니다. 이스라엘 역사의 모든 옛 이야기는 이 진리를 잘 보여 줍니다. 많은 시편도 이를 기념합니다.

하지만 현재는 어떻습니까? 하나님은 듣지도 **않으시고** 구원하지도 **않으십니다.** 이 두 가지는 하나님께서 과거에 하셨던 일이고, 언제든지 하실 수 있는 일이며, 지금도 하셔야 하는 일이지만 현재는 행하지 **않고 계십니다.** 하나님은 하박국의 말을 듣지도 않고, 폭력의 희생자들을 구원하지도 않으십니다.

여기서 2절에서와 같은 이의가 제기됩니다. 하나님께서 행하신 일에 관한 이야기들, 성경과 하나님 백성들이 부른 찬양에 담긴 하나님에 관해 하박국이 알고 믿는 것과 자신을 둘러싸고 있는 현재 상황 사이에는 큰 모순이 있는 것 같습니다. 하박국의 믿음과 현실 사이에 충돌이 일어난 상황입니다. 더군다나 하나님은 그동안 너무 오래 침묵하고 일하지 않으셨습니다. 하박국(과 다른 사람들)이 얼마나 더 부르짖어야 하나님은 들으시고 구원하실까요? 하나님은 여전히 아무것도 하지 않으시는 것처럼 보입니다.

이제 두 번째 질문으로 이어집니다. 하박국은 '어느 때까지'에서 '어찌하여'로 질문을 바꿉니다.

하나님께서 정죄하신 일에 대해 아무 조치도 취하지 않으시는 하나님 (1:3)

어찌하여 나로 불의를 보게 하십니까?
어찌하여 악을 그대로 보기만 하십니까?
약탈과 폭력이 제 앞에서 벌어지고,

다툼과 시비가 그칠 사이가 없습니다.

(1:3, 『새번역』)

하나님께서 **하셔야** 하지만 하지 않으시는 일에는 어떤 것들이 있을까요? 하박국이 그 목록을 가지고 있습니다! 하박국은 모든 사회악을 여섯 단어로 종류를 구분합니다. 마치 끔찍한 대학살 장면을 보도하는 히스테릭한 TV 아나운서처럼 이 단어들을 차곡차곡 쌓아 올립니다. 수직으로 겹겹이 쌓인 일련의 단어들을 통해 우리는 하박국이 매우 정색하며 불평하고 있다는 점을 알아차리게 됩니다. 하박국은 이 모든 것을 곰곰이 생각해 봅니다. 그는 자신의 주변에서 벌어지고 있는 일들을 목격했고, 그 광경은 말로 표현할 수 없을 정도로 끔찍했습니다. 하지만 하박국에게는 적어도 이 상황을 적나라하게 표현할 여섯 개의 단어가 있으며, 그 단어들은 꽤 강력합니다.

다음 표는 3절에 나오는 단어의 순서대로 히브리어 단어와 한글 『새번역』 그리고 각 단어의 더 넓은 의미를 보여 줍니다.

아웬'awen	불의죄악*	분란, 악의, 다가올 재앙
아말'amal	악패역*	위해, 슬픔, 타인에게 주는 고통
소드sôd	약탈겁탈*	끔찍한 파괴, 살인적인 폭행, 폐허로 만듦
하마스hamas	폭력강포*	무자비한 신체적 학대, 심각한 부상, 혹사시킴, 병기
리브rîb	다툼변론*	법정 사건, 소송, 논쟁, 분쟁
마돈madôn	시비분쟁*	다툼, 논쟁, 말다툼

* 독자의 비교를 돕기 위해 『개역개역』의 번역도 함께 실어 두었습니다—옮긴이

일반적으로 이런 단어들은 사회가 얼마나 병들고 타락했는지를 보여준다거나 범죄율의 급증을 보여 줄 때 사용합니다. 현재 반사회적 행동은 일상화되어 있고 거리에는 폭력이 일어나고 있습니다. 사회는 끊임없는 소송과 다툼으로 분열되어 있습니다. 경제 혼란과 함께 끝날 기미가 보이지 않는 정치 논쟁과 다툼이 격화되고 있지만 해결책은 보이지 않습니다. 그 한 가운데 놓인 평범한 사람들은 고통과 두려움에 떨고 있습니다. 이러한 상황이 현 시대에 일어나고 있는 일들과 매우 흡사하게 들릴지도 모르지만, 이는 사실 하박국이 관찰한 유다의 모습입니다. 예레미야와 같은 다른 예언자들도 이와 같은 관찰에 동의하고 있습니다.

하박국이 단순히 '죄'라는 일반적인 단어히브리어에도 죄에 관한 여러 단어가 있습니다를 사용하지 않았다는 점이 눈에 띕니다. 성공회 고해성사의 기도문처럼 "생각과 말과 행동으로 보이는 부주의함으로 인해, 연약함으로 인해, 그리고 고의로 짓는 잘못으로 인해" 우리는 어떤 식으로든 너나 할 것 없이 모두 다 죄인입니다. 하지만 하박국은 여기서 우리 모두가 일반적으로 얼마나 나쁜 죄인인지에 대해서만 생각하고 있는 것이 아닙니다.

하박국이 묘사하고 있는 것은 공동체 안에서 발생하는 **사회 구조적 죄**입니다. 이 죄는 인류 역사의 초기부터 사회에 뿌리를 내리고 번성해 왔으며 이 사회가 진정 썩어빠졌다는 사실을 보여 줍니다. 이 악은 타락한 인간 사회의 구조와 관행 속에 내재되어 있습니다. 물론 당연히 개개인의 죄악과도 관련이 있지만, 그에 더하여 모든 측면에 악을 더 악화시키고 확장하는 방식으로 거대한 고통을 가져다줍니다.

성경은 매우 이른 시기부터 인류가 파멸할 것이라는 판결을 내리고 있으며, 우리가 얼마나 끊임없이 죄를 만들어 내는지 보여 줍니다.

여호와께서 사람의 죄악이 세상에 가득함과 그의 마음으로

생각하는 모든 계획이 항상 악할 뿐임을 보시고

(창 6:5, 『개역개정』)

하나님이 보시니, 세상이 썩었고, 무법천지가 되어 있었다

(창 6:11, 『새번역』)

… 이는 사람의 마음이 계획하는 바가 어려서부터 악함이라

… (창 8:21, 『개역개정』)

구약성경 이후의 내용은 하나님께서 이러한 죄악들을
혐오하신다는 것을 매우 분명하게 보여 줍니다. 율법, 예
언서, 내러티브, 시편, 지혜문학은 모두 인간이 서로 싸우
고 옥신각신하며 미워하고 죽이고 억압하고 착취하는 형
태를 비난합니다.

하나님은 이 모든 것들을 혐오하십니다.

하박국도 이 사실을 알고 있습니다. 따라서 하박국 자
신에게도 단지 한 사람의 관찰자이자 동일한 죄인으로서
이 모든 것을 '바라보아야'만 하는 것은 상당히 힘든 일입
니다. 하나님은 왜 하박국에게 이 모든 것을 보게 하셨을

까요? 하박국은 이렇게 질문합니다. "어찌하여 나로 불의
를 보게 **하십니까?**"1:3a절. 「새번역」, 굵은 글씨는 저의 강조 표현입니다. 하박국
은 마치 장난꾸러기 아이가 어지럽혀 놓은 침실의 모습을
어떻게든 보여 주려고 아이의 등을 돌려 세워 놓는 부모의
모습처럼 하나님을 보는 것 같습니다.

하지만 더 큰 문제는, 어떻게 하나님께서 "불의를 멍하
니 바라만 보고"3a절. ESV 계실 수 있냐는 것입니다. 하박국은
확실히 하나님의 거룩함에 대해 모두 알고 있습니다. 그리
고 거룩하신 그 성품 자체는 13절에서 또 다른 문제가 될
것입니다. 그렇다면 거룩하신 하나님은 이미 좋지 않은 상
황에서 더 악화된 상황으로 치닫고 있는 것처럼 보이는 인
간 사회의 누적된 악을 어떻게 '허용'하실 수 있는 것일까
요? 어떻게 하나님은 땅에서 일어나는 일들을 당신에게
중요하지 않은 것처럼 계속 바라만 보실까요? 왜 하나님
은 당신이 철저히 그리고 전적으로 미워하는 것에 대해 아
무 조치도 취하지 않는 것일까요? 도대체 왜 그러시는 걸
까요?

하박국이 하나님께 던진 두 가지 주요 질문인 "어느 때
까지리이까"2절와 "어찌하여"3절가 바로 여기에 해당하는 질
문입니다.

그러고 나서 하박국은 혹평하며 결론을 맺습니다. 이 모든 일들이 사회 전체에 걸쳐 일어나고 있는 것으로 보아 도덕 질서 전체가 거꾸로 뒤집혀 있는 것이 너무나도 명백하기 때문입니다. 그래서 다음 4절에서처럼 하박국은 그 다음 단계로 넘어갑니다.

무력하고 왜곡되어 있는 하나님의 도덕 질서 (1:4)

하박국은 "이러므로"(즉, 하나님, 당신께서 아무것도 하지 않으시기 때문에) 두 가지 결과가 발생할 것이라고 결론을 내립니다.

1. **율법이 마비되다.** 하박국서에서 말하는 "율법"은 토라, 즉 성경의 첫 다섯 권으로 구성된 오경을 가리킵니다. 토라는 이스라엘을 위한 하나님의 인도하심이었습니다. 그 안에는 옳고 그름을 명확하게 보여 주는 이야기, 명시적인 지침, 몇 가지 세부적인 법규와 다양한 동기와 경고 등이 하나님의 구속하시는 사랑과 구원의 이야기로 감싸져 있으며, 이스라엘 민족의 삶에 필요한 포괄적인 모범을 제시합니다. 이것이 바로 하나님께서 자기 백성에게 주시는 엄

청난 은혜의 선물, 즉 인도와 축복을 위한 토라입니다. 시편 19편에서 토라가 얼마나 소중하다고 진술하는지 확인해 보시기 바랍니다. 그러나 이제는 이 모든 것이 냉랭하고 무감각해졌으며 마비되고 무력하게 되었습니다. 하나님의 말씀은 그것을 받은 백성들에 의해 '동결되었습니다.' 이제 하나님의 말씀은 그저 면책 조항 정도로만 취급받을 뿐만 아니라 의도적으로 업신여김을 받고 있습니다. 더 이상 그 누구도 하나님의 말씀에 관심을 두지 않습니다. 하나님의 말씀은 모두 일상과 무관한 죽은 글자에 불과합니다. 이러한 상황이 하박국에게도 고통스러운 광경이었다면, 당신의 백성을 인도할 성경이라는 보물창고를 주신 하나님은 얼마나 더 고통을 느끼셨을까요? 하나님의 살아 있고 활력있는 말씀이 … 마비된 것입니다.

　2. 정의가 전혀 시행되지 못하다. 정의는 권력을 가진 사람들이 좋은 법을 올바르게 적용하는 것을 말합니다. 정의는 사사나 통치자 또는 왕과 같이 지배권을 가진 자가 반드시 지니고 있어야 하는 책임감입니다. 사실 정의는 하나님이 인간 권력자에게 가장 기대하는 것이며, 사회의 나머지 구성원들이 권력자에게 요구하는 자격 요건이자 동시에 그

들로부터 반드시 공급받아야만 하는 것이기도 합니다. 하지만 현재 정의는 전혀 실행되지 못하고 있습니다. 정의는 사라지고 무정부 상태가 되었습니다. 아니, 오히려 겉으로는 '정의'가 실현되고 있는 것처럼 보이지만, 실제로는 '왜곡된 정의'가 실현되고 있습니다. 하박국의 표현을 직역해 보자면 "정의가 나아가고 있지만, 구부러지고 뒤틀리고 비뚤어진" 상태라고 말할 수 있습니다. 이것은 부패의 언어, 즉 '지불한 만큼 정의를 얻는' 현상을 말합니다. 따라서 정의를 실현하고자 하는 사람들("의인")이 남아 있더라도, 그들은 수적으로도 열세할 뿐만 아니라, 자신의 이익을 위해 부의 영향력을 행사하는 강력한 기득권을 가진 사람들에 의해 둘러싸이고 포위되어 불의가 만연하도록 만드는 데 '휘둘리고 만다'라는 것입니다. 다시 말씀드리지만, 우리가 살아가는 지금 시대도 이런 충격적인 메아리를 어렵지 않게 들을 수 있습니다.

이 쌍둥이와 같은 한 쌍의 악의 결과로, 하나님께서 인간 사회에 바라시는 방식권력자가 약자를 대신하여 정의를 실현하는 것은 거꾸로 뒤집혔습니다. 하나님의 율법은 여전히 존재하지만 쓸모없고 무력해졌습니다. 정의가 실현되는 것을 지켜봐야 할 사람들이 오히려 정의가 실현되지 **않도록** 하는 데 공모

하고 있습니다.

그렇기 때문에 하박국은 불평을 쏟아 내고 있는 것입니다.

하박국은 하나님께 항의하고 있습니다. 그가 이런 방식으로 말하는 이유는 하나님께서 여전히 자신과 같이 현재 벌어지는 일들에 관심을 갖고 계시다고는 믿지만, 어째서 이런 일들이 계속되도록 내버려 두시는지는 이해할 수 없기 때문입니다.

하박국은 아주 고통스러운 시대를 살고 있습니다. 하박국은 도덕적으로 민감한 사람입니다. 자신의 땅과 백성들 가운데 벌어지고 있는 모든 일로 인해 절망하며 괴로워하고 있습니다. 하박국은 하나님이 무엇을 하셔야 하는지 알고 있습니다. 어쩌면 그렇기 때문에 하나님이 하셔야 할 일을 하지 **않으시는** 것에 당혹스러워하고 화를 냈으며 분노를 표출하는 것 같습니다.

하박국서의 나머지 부분에서도 하박국과 하나님 사이의 논쟁은 계속될 것입니다. 그리고 하나님께서는 깜짝 놀랄만한 말씀과 함께 도전과 위로의 말씀도 주실 것입니다. 결국 하박국은 자신이 묘사한 대로 혼돈 가운데서도 하나님의 주권적인 지혜에 대한 믿음을 회복하고 안도감을 얻게 될 것입니다. 이것이 앞으로의 여정입니다.

하지만 지금 당장 우리는 하박국의 질문에 공감하고 동의하고 있는 자기 자신을 발견할 겁니다. 또한 하박국이 걸어가고 있는 여정과 같은 길을 걷고 있는 자신을 발견할 것입니다. 어쩌면, 실제로 성경에 등장하는 인물조차도, 우리 자신을 괴롭히는 문제에 동일한 질문을 던진다는 사실에 안도감을 느낄 수도 있습니다. 다시 한번, 마음을 가다듬고 계속 읽어 보시기 바랍니다!

우리의 반응

하나님의 성품과 행하심(또는 행하지 않으심)을 정당화하는 방법에 대한 모든 질문을 때로는 '신정론'의 문제라고 부르기도 합니다. 하나님이 의로우시다면 어떻게 악인이 번성하는 걸까요? 하나님이 거룩하시다면 어째서 악한 사람들의 불경건한 방식을 용납하시는 건가요? 같은 질문 말이지요.

때때로 이러한 신정론에 관한 질문은 신학자들의 지적 활동에서만 맴돌다가 그칩니다. 그러나 하박국이나 우리 중 많은 사람들에게는 극심한 고통이 됩니다. 이러한 질문들은 깊은 당혹감과 함께 많은 분노를 불러일으킵니다. 우리는 하나님이 이 땅의 삶에 관여하시는지 여부에 확신하지 못해서가 아니라, **하나님이 관여하신다고는 믿지만 어떤 방식으로 관여하시는지 알 수 없기** 때문에 괴로움을 느끼는 것입니다.

우리는 인간적인 정의가 실현되지 않을 때 분노를 느낍니다. 우리는 악행을 저지른 사람들이 처벌을 받지 않고 교묘히 빠져나갈 때 경악을 금치 못합니다. 우리는 큰 대가가 요구되는 실패나 위법 행위 또는 사기를 저지르고도 아무도 책임을 지지 않으려고 할 때 항의합니다. 우리는 사회적 이상을 말하면서 인맥주의, 위선, 부패를 일삼는 정치인을 경멸합니다. 대기업의 단기적 이익을 위한 태만, 탐욕, 부패가 다른 사람들, 특히 가난하고 소외된 사람들에게 고통과 죽음을 가져다줄 때 분노합니다. 두 차례의 세계대전을 겪고도 우리가 거의 아무것도 배우지 못한 것처럼 한 나라가 다른 나라를 잔인하게 침략하고 폭격할 때 우리는 큰 충격에 휩싸입니다. 이러한 상황들을 바라보면서 우리는 인간 권력에 대해 마땅한 분노를 느낍니다.

이 문제를 신적 재판관에게 가져갈 때 우리의 투쟁은 더욱 심각하게 느껴집니다. 그분은 듣고 구원하시는 하나

님이셔야 합니다! 그분은 옳은 일을 행하는 온 땅의 재판
관이어야 합니다^{창 18:25}. 그런데 왜 그렇게 행하지 않으시는
걸까요? 왜 하필 이런 때에 하늘은 침묵하는 걸까요?

욥도 이와 같은 질문을 했습니다. 성경의 시편 145편과
146편에 예시된 빛나는 약속을 욥기 24장에서 욥이 질문
과 관찰을 통해 어떻게 뒤집는지 함께 살펴봅시다.

시편 기자가 주 하나님 야웨에 대해 찬양하는 내용은
다음과 같습니다.

14 주님은 넘어지는 사람은 누구든지 붙들어 주시며,
  짓눌린 사람은 누구든지 일으켜 세우신다.
15 만물이 모두 주님만을 바라보며 기다리니,
  주님께서 때를 따라 그들에게 먹거리를 주신다.
16 주님께서는 손을 펴시어서,
  살아 있는 피조물의 온갖 소원을 만족스럽게 이루어 주
  십니다.
17 주님이 하시는 그 모든 일은 의롭다.
  주님은 모든 일을 사랑으로 하신다.
18 주님은, 주님을 부르는 모든 사람에게 가까이 계시고,
  진심으로 부르는 모든 사람에게 가까이 계신다.

¹⁹ 주님은, 당신을 경외하는 사람의 소원을 이루어 주시고,

그들의 부르짖는 소리를 듣고 구원해 주신다.

²⁰ 주님은, 당신을 사랑하는 사람은 누구나 지켜 주시며,

악한 사람은 누구든지 다 멸하신다.

(시 145:14-20, 『새번역』)

⁷ 억눌린 사람들을 위해 정의로 심판하시며

주린 자들에게 먹을 것을 주시는 이시로다

여호와께서는 갇힌 자들에게 자유를 주시는도다

⁸ 여호와께서 맹인들의 눈을 여시며

여호와께서 비굴한 자들을 일으키시며

여호와께서 의인들을 사랑하시며

⁹ 여호와께서 나그네들을 보호하시며

고아와 과부를 붙드시고

악인들의 길은 굽게 하시는도다

(시 146:7-9, 『개역개정』)

이제 욥의 말을 들어 보시기 바랍니다. 마치 욥은 시편을 읽다가 고개를 들고 세상을 둘러보며 "아니요, 주님은 그런 분이 아니에요. 제가 보기에 그분은 그런 분이 아닙

니다!"라고 말하는 듯 합니다.

1 어찌하여 전능하신 분께서는, 심판하실 때를 정하여 두지
  않으셨을까?
  어찌하여 그를 섬기는 사람들이 정당하게 판단받을 날을
  정하지 않으셨을까?
2 경계선까지 옮기고
  남의 가축을 빼앗아 제 우리에 집어 넣는 사람도 있고,
3 고아의 나귀를 강제로 끌어가는 사람이 있는가 하면,
  과부가 빚을 갚을 때까지, 과부의 소를 끌어가는 사람도
  있구나.
4 가난한 사람들이 권리를 빼앗기는가 하면,
  흙에 묻혀 사는 가련한 사람들이 학대를 견디다 못해
  도망가서 숨기도 한다.
5 가난한 사람들은 들나귀처럼 메마른 곳으로 가서
  일거리를 찾고 먹거리를 얻으려고 하지만,
  어린 아이들에게 먹일 것을 찾을 곳은 빈 들뿐이다.
6 가을걷이가 끝난 남의 밭에서 이삭이나 줍고,
  악한 자의 포도밭에서 남은 것이나 긁어 모은다.
7 잠자리에서도 덮을 것이 없으며,

추위를 막아 줄 이불 조각 하나도 없다.

8 산에서 쏟아지는 소낙비에 젖어도,

비를 피할 곳이라고는 바위 밑밖에 없다.

9 아버지 없는 어린 아이를 노예로 빼앗아 가는 자들도 있다.

가난한 사람이 빚을 못 갚는다고 자식을 빼앗아 가는 자들

도 있다.

10 가난한 사람들은 입지도 못한 채로 헐벗고 다녀야 한다.

곡식단을 지고 나르지만, 굶주림에 허덕여야 한다.

11 올리브로 기름을 짜고, 포도로 포도주를 담가도,

그들은 여전히 목말라 한다.

12 성읍 안에서 상처받은 사람들과

죽어 가는 사람들이 소리를 질러도,

하나님은 그들의 간구를 못 들은 체하신다.

(욥 24:1-12, 『새번역』)

시편이 말하는 신앙에 대한 긍정과 욥기가 말하는 현
실에 대한 관찰 사이에 충돌하는 모순이 보이십니까? 이
런 모순이 최고조에 이르는 곳이 바로 마지막 대사입니다.
"하나님은 그들의 간구를 못 들은 체하신다."

이제 다음 장에서 우리는 하박국의 의문에 대한 하나님

의 응답을 듣게 될 것인데, 이는 적어도 부분적으로는 욥이 앞서 말한 것에 대한 응답이기도 합니다. 이 응답에는 인내와 믿음이라는 확고한 실천이 요구되며, 온 땅에 대한 하나님의 궁극적인 목적이라는 비전이 포함될 것입니다.

물론 갈보리 언덕과 예수님의 빈 무덤의 이편에 서 있는 우리는 하박국의 질문과 우리 자신의 질문에 답할 수 있는 훨씬 더 넓은 관점을 가지고 있습니다. 그렇습니다, 우리는 복음의 위대한 진리, 그리고 신약성경이 말씀하는 그리스도교 신앙과 소망에 대한 더 깊은 계시를 알고 있습니다. 하지만 이 모든 것을 알고 있음에도 불구하고, 우리는 제정신이 아닌데다, 폭력적이고, 도덕적으로 타락한 세상 속에서 하나님의 손길과 하나님의 정의를 분별하려 노력하고, 동시에 여전히 질문하며 분투하고 있지 않습니까?

하박국이 했던 "어느 때까지"와 "어찌하여"라는 질문은 우리 생각속에서 끊임없이 떠오르는 강렬한 질문입니다.

적용과 토의를 위한 질문

1. 하나님께 곤란한 질문을 하는 것이 어렵거나 잘못되었다고
   생각하나요?

2. 하나님께 부르짖었지만 뚜렷한 응답이 없었던 경험이 있나
   요? 그럴 때 여러분은 어떻게 믿음을 지키며 하나님과의 관
   계를 유지해 왔나요?

3. 우리가 살아가는 현 사회 속 삶의 어떤 측면이 하박국 1:3-4
   의 묘사와 부합할까요?

제2장

하나님의 주권에 의문을 품다:

하나님이 악한 사람들을 통해 일하실 때

하박국이 이해하지 못하는 세상은 폭력과 불의로 가득한 세상입니다. 그런데 이런 세상이 현재 자신의 나라에서 펼쳐지고 있습니다. 하박국은 (그의 첫 마디에서 알 수 있듯이) 오랫동안 하나님께 자신의 마음을 쏟아냈습니다. 당황하고, 분노하고, 두려워하며, 자신의 주변에서 벌어지는 모든 일들에 대해 항의합니다. 하나님은 잠들어 계신 걸까요? 하나님은 무능하신 걸까요? 하나님은 하박국의 불평에 응답하실까요? 하나님은 현재 상황에 뭐라도 조치를 취하실까요?

결국에는 모든 예언서에서 그렇게 하신 것처럼 하나님이 말씀하십니다. 그리고 하나님의 첫 번째 말씀은 하박국 자신의 말을 반향하고 있습니다.

하나님의 응답 (1:5-11)

하박국은 3절에서 조국의 불의한 현실을 "보게 하신다"
라고 말합니다. 그러자 하나님은 이렇게 응답하십니다.
"좀 더 넓게 보아라. 네 주변만 보지 말고 열방을 보아라."

> 너희는 민족들을 눈여겨 보아라.
>
> 놀라고 질겁할 일이 벌어질 것이다.
>
> 너희가 살아 있는 동안에, 내가 그 일을 벌이겠다.
>
> 너희가 듣고도,
>
> 도저히 믿지 못할 일을 벌이겠다.
>
> (1:5, 『새번역』)

때때로 하나님은 우리에게 "다시 보아라!"라고 말씀하
십니다. 우리는 당면한 상황에 깊이 몰두하고 당황하는 경
우가 많습니다. 그럴 때는 한 걸음 물러나 더 넓은 지평을
바라볼 필요가 있습니다. 우리에게는 하나님의 관점이 필
요합니다. 하나님과 성경은 우리의 개인적인 구원과 우리
가 당면한 지적 또는 윤리적인 문제에만 관심을 갖고있는
것이 아니라는 점을 알아야 합니다. 오히려 큰 그림이 그

배후에 놓여 있습니다. 사실 성경은 하나님과 우리 개개인 뿐만 아니라 하나님과 열방 그리고 심지어 하나님과 모든 피조세계까지 포함하는 거대 내러티브라는 점을 고려해야 합니다. 이런 관점을 가지시기 바랍니다! 시야를 넓혀 보세요!

마틴 로이드 존스도 그의 얇은 하박국서 주석에서 동일하게 강조합니다. 그뿐만 아니라 역사 속 인물들이 하나님의 주권을 문제 삼는 이유 중 하나는 (하박국이 처음에 그랬던 것처럼) 다음과 같은 이유 때문이라고 말합니다.

… 성경을 개인 구원을 위한 교과서라는 좁은 의미로만 사용하는 사람들이 있습니다. 많은 사람들은 성경의 유일한 주제가 하나님과 인간의 개인적인 관계에 관한 것이라고 생각하는 것 같습니다. 물론 그것은 성경의 중심 주제 중 하나입니다. 그리고 우리는 희망이라고는 전혀 보이지 않는 절망에 빠졌던 우리를 구원해 주신 하나님께 감사드립니다. 그러나 개인의 구원만이 성경의 유일한 주제는 아닙니다. 성경이 개인 구원의 문제를 더 큰 맥락에서 다루고 있는 것은 사실입니다. 그러나 궁극적인 성경의 주요 메시지는 세상 모두의 상태와 그 운명에 관한 것이며, 여러분과 저는 그

저 더 큰 전체의 한 부분으로서의 개인일 뿐입니다. 그렇기 때문에 성경은 인간보다 먼저 세상이 창조된 이야기로부터 시작합니다. 문제는 우리가 우리 자신의 개인적인 문제에만 관심을 두는 경향이 있는 반면, 성경은 그 문제에서 더 거슬러 올라가 모든 문제를 이러한 더 큰 세계관의 맥락에서 바라본다는 것입니다. … 역사 가운데 일어나는 어떤 일도 하나님이 만드신 체계에서 그 자리를 찾지 못하는 것은 없습니다. 성경의 위대하고 고귀한 가르침은 세상 전체와 그 운명에 대한 문제와 관련이 있습니다.[2]

그래서 하나님께서는 하박국에게 안경을 고쳐 쓰고 더 멀리 보라고 말씀하십니다. 우리는 큰 그림, 여러 민족이 사는 열방, 인류 역사에서 일하시는 하나님의 전체 이야기에 주목해야 합니다.

하지만 더 넓어진 시야는 우리에게 위로를 가져다주기는커녕 조금도 나아지는 것이 없을 겁니다. "보고 또 보고

---

2   Martyn Lloyd-Jones, *From Fear to Faith: Rejoicing in the Lord in Turbulent Times* (1953; repr., Leicester, UK: IVP, 2003), 9. 『두려움에서 믿음으로: 하박국 메시지』, 김은진 옮김 (서울: 지평서원, 2012 역간).

놀라고 또 놀랄지어다."5a절, 「개역개정」 사실 하나님이 말씀하
시는 놀라움은 단순한 놀라움보다 조금 더 강력한 표현입
니다. 그러므로 "보아라. 놀라고 질겁할 일이 벌어질 것이
다"「새번역」라는 표현이 좀 더 나을 것입니다. "충격에 대비하
여 마음을 단단히 먹어라"The Message라는 표현도 참고하십
시오.

하나님은 일하고 계신다 그것도 놀라운 방식으로 (1:5b)

하나님은 하박국에게 곧 계시하실 모든 것을 하박국이
즉시 파악할 수 있을 것이라고 기대하지는 않으십니다. 그
러나 하나님이 일하지 않는 분은 **아니라는** 것을 **알기** 원하
십니다. 하나님은 잠들어 계시지 않았습니다. 하나님은 유
다에서 벌어지고 있는 끔찍한 악을 모르고 계시는 것이 아
닙니다. 그뿐만 아니라 하나님은 돌보지 않거나, 움직이지
않거나, 관심이 없는 분도 아닙니다. 오히려 하나님은 계
획을 준비해 놓으시고 곧 실행에 옮기실 것입니다.

"내가 그 일을 벌이겠다"라는 표현은 말 그대로 "너희가
살아 있는 동안에, **내가 그 일을 행할 것이다**"라는 뜻입니
다. 다시 말해 "나는 **바로 지금** 이 문제에 전적으로 관여

하고 있다"라는 의미입니다. 하나님이 이미 일을 하고 계십니다!

그러나 하박국은 이 사실을 당장 믿기는 어렵습니다. 그런 하박국에게 자신이 목격하는 사건들 가운데 하나님이 부재하신 것처럼 보이지만, 하나님은 **분명히 현존하며 일하고 계신다**고 말씀하십니다. 우리는 이제 다 아는 사실이지만, 사실 하나님은 예루살렘의 멸망과 바벨론 유배 그리고 그 사건들 너머에 놓인 모든 것, 즉 이스라엘의 상황을 영원히 변화시킬 방식으로 일하고 계셨습니다.

이는 실로 깜짝 놀랄 만한 일이었습니다! (그리고 더 많은 일이 기다리고 있습니다). 하나님의 말씀 역시 경탄 그 자체였기 때문에, 하나님께서 잠시 후에 말씀하실 내용처럼[2:4] 하박국은 이것을 믿음으로 받아들여야 할 것입니다. 이에 더하여 하박국은 하나님이 하신 말씀의 의미를 즉각 이해하지는 못할 것이기 때문에 많은 인내심이 필요할 것입니다[2:3]. 틀림없이, 하나님의 말씀은 엄청나게 충격적일 것입니다.

그렇다면 제 책이 독자 여러분에게 던지는 도전 중 하나는 바로 이것입니다. 우리는 원칙적으로라도, 기꺼이 하나님에 대해 경탄할 의지가 있습니까? 우리는 쉽게 믿어

지지 않는 것이라고 해도 기꺼이 받아들이려고 합니까? 우리는 성경이 하나님의 주권에 대해 말하는 것을 믿는 믿음으로, 비록 현실이 아무리 끔찍하다고 해도 하나님의 손길을 인식하고 긍정할 수 있습니까? 하나님께서 계시하지 않으셨다면 하박국은 자신에게 무슨 일이 일어나고 있는지 이해하기 어려웠을 것이고, 설사 이해했다고 하더라도 믿지 못했을 것입니다[1:5b]. 그러나 이것이 바로 성경에 하박국의 책이 기록된 이유 중 하나이며, 이 하박국서는 역사 가운데 하나님의 일하심은 때때로 놀랍고 역설적이며 당혹스럽기까지 하지만, 그럼에도 불구하고 여전히 하나님의 궁극적인 주권적 목적에 부합한다고 우리에게 가르치고 있습니다.

성경은 거듭 강조하며 다음을 확증합니다. 하나님은 일하고 계시며, 하나님은 결코 주무시지도 않으시며, 하나님은 당신이 온 땅의 심판자라는 사실을 잊지도 않으셨습니다. 비록 이 세상에 **우리가** 이해할 수 없는 일들이 일어나고 있다고 해도, 결코 **하나님이** 이 세상을 버리신 것은 아닙니다.

그렇다면 하박국을 "놀라서 질겁"하게 했을 정도라는 하나님이 **실제** 하신 **일은** 무었이었을까요? 하박국 시대에 하나님께서 "행하셨던" 이 "일"은 무엇이었을까요? 하박국은 그것을 받아들일 준비가 되어 있었을까요?

하박국이 준비가 되었든 안 되었든 하나님은 그에게 말씀하십니다. 이제 같이 하박국의 입장이 되어서 하나님의 다음 말씀에 귀를 기울여 봅시다.

바벨론 사람들을 일으키시는 하나님 (1:6-11)

6 "이제 내가 바빌로니아 사람을 일으키겠다.

그들은 사납고 성급한 민족이어서,

천하를 주름 잡고 돌아다니며,

남들이 사는 곳을 제 것처럼 차지할 것이다.

7 그들은 두렵고 무서운 백성이다.

자기들이 하는 것만이 정의라고 생각하고,

자기들의 권위만을 내세우는 자들이다.

8 그들이 부리는 말은 표범보다 날쌔고,

해거름에 나타나는 굶주린 늑대보다도 사납다.

그들의 기병은 쏜살같이 달린다.

먼 곳에서 그렇게 달려온다.

먹이를 덮치는 독수리처럼 날쌔게 날아온다.

⁹ 그들은 폭력을 휘두르러 오는데,

폭력을 앞세우고 와서,

포로를 모래알처럼 많이 사로잡아 갈 것이다.

¹⁰ 그들은 왕들을 업신여기고,

통치자들을 비웃을 것이다.

견고한 성도 모두 우습게 여기고,

흙언덕을 쌓아서 그 성들을 점령할 것이다.

¹¹ 그러나 제 힘이 곧 하나님이라고 여기는 이 죄인들도

마침내 바람처럼 사라져서 없어질 것이다."

(1:6-11, 『새번역』)

"바빌로니아 사람"＾새번역은 "갈대아 사람"＾개역개정과 같습니다. 이들은 원래 메소포타미아 남부, 현재 우리가 이라크 남부라고 부르는 곳에 살던 작은 민족이었습니다. 그러다 기원전 7세기 말에 갑자기 신흥세력으로 등장하면서 옛 아시리아 제국의 심장부인 북쪽으로 힘차게 진격하기 시작했습니다. 나보폴라살 왕과 그의 아들 느부갓네살이 이끈 군대는 기원전 612년에 니느웨＾아시리아의 수도를 점령했습니다. 이것이 이른바 신바빌로니아 제국의 시작이었습니다.

이러한 일련의 사건들은 유다에도 잘 알려져 있었을 것

입니다. 예루살렘 거리 곳곳에서는 꽤나 우려가 되는 이 사건으로 많은 사람들의 입에 오르내렸을 것입니다. 대체 그들이 누구인지? 어떻게 그 강력한 아시리아 제국을 그토록 빠르게 정복하고 세계 무대에 등장할 수 있었던 것인지? 그들의 다음 원정은 어디로 향할지? 그들이 쳐들어온다면 과연 맞서 싸울 수 있을지, 그게 아니라면 그들과 협상을 시도해야 할지? 거의 백오십 년 동안 아시리아의 지배 아래 살았던 바빌로니아가 근동 지역의 지배 세력으로 부상한다면 그것은 어떤 영향을 초래하게 될지? 그들은 어떤 민족이고 어떤 제국이 되려고 하는지? 등등 많은 이야기가 오갔을 것입니다.

하나님은 이러한 의문들과 하박국의 질문에 대해 간단명료하면서도 단호한 어조로 대답하십니다. 하나님은 NIV(그리고 『새번역』)에서는 생략된 강렬한 감탄사로 말씀을 시작합니다[1:6].

보아라, 나다!
내가 바빌로니아 사람을 일으킬 바로 그 주권자다!

하나님은 그들이 어떤 사람이고 앞으로 어떻게 행동할

것인지 정확히 알고 계십니다. 그래서 하박국에게 이 바벨론의 위협의 속도와 위력의 정도를 속사포와 같은 빠른말로 알려주십니다. 그것은 네 가지 공포스러운 그림으로 묘사됩니다. 이것은 하나님께서 친히 일으키려고 하는 사람들을 묘사하는 것이라는 사실을 기억하시기 바랍니다!

a) 무자비한 속도와 정복 (1:6)

바빌로니아 사람들은 "사납고 성급한" 사람들입니다. 무자비하게 영토를 확장하려고 빠르게 움직이면서 모든 사람을 혼란에 빠뜨렸습니다. 그들은 "천하를 주름 잡고 돌아다니며, 남들이 사는 곳을 제 것처럼 차지"해 나갑니다. 그저 가서 차지합니다. 그것도 신속하게. 진격하고 장악하며, 통제권을 잡고, 정복하고, 착취하고, 훔칩니다. 이것이 바로 탐욕스러운 영토 확장의 본질입니다.

다른 제국들도 오랜 세월 동안 이러한 관행을 자랑해 왔습니다. 다음은 몇 가지 예입니다.

● 알렉산더 대왕은 그리스에서부터 인도 국경에 이르기까지 마치 식은 죽 먹듯 놀라운 속도로 거대한 페르시아 제국을 정복했습니다.

- 율리우스 카이사르는 기원전 47년 소아시아터키 북부의 한 왕국과의 전투에서 승리한 후 "Veni, Vidi, Vici"왔노라, 보았노라, 이겼노라라며 자랑스러워 한 것으로 유명합니다.

- 영국은 아프리카와 인도를 차지하기까지 다소 시간이 오래 걸리긴 했지만, 장기적인 관점으로 볼 때 필요하다면 잔인할 정도로 많은 것을 빼앗았다는 점에서는 다른 제국의 정복과 다를 바가 없었습니다.

- 아돌프 히틀러의 빠른 세력 확장은 다른 유럽 국가들을 잘못된 발걸음으로 이끌었고, 급기야 2차 세계대전으로 이어지게 했습니다.

- 2003년 미국은 얼마나 빠르게 이라크를 침공하고 정렴했는지, 그리고 그로 인해 몇몇 기업이 얼마나 큰 이윤을 남겼는지 생각해 보십시오.

- 2014년 러시아가 우크라이나의 크림반도를 점령하고 병합한 후 2022년에 본격적인 침공을 시작했을 때 서방 국가들이 얼마나 놀랐었는지 기억해 보십시오.

- 그보다 더 큰 충격은 이슬람 극단주의 무장단체인 IS가 시리아 북부와 이라크를 점령한 사건입니다.

- 탈레반이 아프가니스탄을 또다시 완전히 장악하면서 급속도로 점령국으로서 복귀한 비극적인 역사의 아이러니

를 생각해 보십시오.

이러한 정복 가운데 일부는 전세가 역전되기도 했지만, 그에 따른 크나큰 대가를 치를 수밖에 없었습니다. 하나님 께서도 알고 계셨듯이 바벨론도 결국 그렇게 될 것입니다. 그리고 바벨론의 궁극적인 멸망은 하나님께서 하박국²장과 예레미야를 통해 직접 선포하신 '화 외침'으로 시작될 것입 니다. 하지만 이러한 깨달음조차 바빌로니아가 초반에 퍼 부을 무섭고 빠른 맹공격으로 인해 하박국과 유다가 직면 할 고통을 줄여 주지는 못할 것입니다. 하나님은 한 제국 아시리아을 제거하신 후 무시무시한 속도로 정복해 나갈 또다 른 제국바빌로니아으로 대체하시는 듯 보입니다.

b) 무책임한 '예외주의'와 이기주의 (1:7)

7절은 요점이 뚜렷하고도 명쾌합니다. 히브리어 본문을 번역하면 다음과 같습니다'그'는 단수형으로 바벨론 왕과 그의 제국을 의미합니다.

그는 얼마나 무섭고 두려운 존재인가.

그의 법과 그의 통치가 그 자신에게서 나오는구나.

이것이 의미하는 바는 다음과 같습니다. 그는 **자신만의 규율을 만들고 자신만의 위대함을 선전합니다.** 그는 자기 스스로 법이 되고 스스로 통치권을 만들어 낸 자로서 너무나 공포스러운 존재입니다. 그는 자신과 왕국에 이익이 되는 것 외에는 어떤 규범이나 기준에 대해서도 책임지지 않습니다. 제네바 협약도 그의 폭력과 탐욕을 제지하지는 못할 것입니다. 그의 모든 결정과 행동은 자신으로부터 그리고 자신을 위해서만 행해집니다.

이런 방식으로 바빌로니아 사람들은 스스로 자신을 높이고 자신을 정당화하려고 했습니다. 그들에게 있어서 **자신들이 스스로** 결정하는 모든 것은 곧 '정의'였습니다. 그게 무엇이든 그들을 위대하게 만드는 모든 것은 곧 '명예, 존엄, 위엄'이 되었습니다.

어떤 국가들이 자국의 정치선전을 믿거나 다른 국가들이 자국을 얼마나 존경하거나 두려워하는지솔직히 말하면 둘 모두를 즐기기 시작하면, 일종의 '예외주의'에 쉽게 빠지게 됩니다. 이는 보편적으로 준수해야 하는 국제적 규범이 우리에게는 적용되지 않는다는 믿음입니다그리고 그렇게 되면 이러한 믿음을 실제 외교 정책에 거리낌 없이 반영하게 됩니다. 우리는 우리 자신의 이익부터 생각하고 우리 자신을 우선시해야 한다고 믿습니다. 국제 협력은 바보와 겁쟁이를 위한 것이며, 자국의 이익을 최우선으로 고려하는 정책만이 중요하다고 생각합니다. 바로 이 믿음이 '미국을 다시 위대하게'Make America Great Again라는 구호와 열광을 불러일으켰습니다.

물론 자국민을 돌보고, 안보를 튼튼하게 하고, 복지 체계를 돌보고, 자국 문화의 가치와 업적을 소중히 여기는 것은 어느 정부든 마땅히 지녀야 할 책무입니다. 그러나 이것이 상대적으로 더 가난한 국가를 희생시키는 국가 이기주의로 이어지거나, 나아가 각종 형태의 국제 협약이나 협력에 조롱하거나 거부하는 것으로 이어진다면, 결국 그것은 교만한 국가 우상 숭배, 즉 자기 자신을 섬기는 유독한 우상 숭배의 집단적 증폭으로 귀결될 수밖에 없습니다.

예를 들어, 미국의 한 평론가는 미국의 예외주의이는 우연히도 현대적 형태의 예외주의입니다. 대영 제국에도 동일한 특징을 많이 가지고 있었지만, 여전히 '통치하라, 브리타니아!'라는 시대착오적인 노래에서 한심할 정도로 칭송받고 있습니다를 비판하는 글을 다음과 같이 썼습니다.

우리가 다루고 있는 것은 단순히 미국을 우위에 둘 뿐만 아니라 미국을 제외한 나머지 국가들을 평가절하하는 것, 그리고 그저 관찰자의 역할만이 아니라 다른 국가들에게 자신의 뜻을 의무로 강요할 것까지는 아니더라도 그만한 권리가 있다고 믿는 사람들입니다. 예외주의는 교만, 무지, 공격성을 동반하는 성향을 보이는 태도로, 이러한 태도는 막대한 피해를 입히는 경우가 많습니다. …

미국의 예외주의는 다른 사람들 개개인의 삶만 평가절하하는 것이 아닙니다. 자신을 제외한 전세계 모두의 가치를 평가절하합니다. 미국의 정책은 일반적으로 지구 생태계에 미치는 영향을 충분히 고려하지 않고 결정됩니다. 그러나 유한한 지구에서 최대한의 성장을 위해 끊임없이 경쟁하는 태도는 파괴적이며 궁극적으로는 스스로를 파멸시키는 태도입니다. 예외주의 국가로서, 혹은 이와 같은 태도를 보임으로 인해 다른 나라들로 부터 국제 깡패라고 불리는 국가로서, 미국은 다른 나라들에 비해 유독 많은 국제 조약에서 스스로를 예외로 삼고 있습니다. 또한 국제법 및 중재 법원의 관할권에서도 스스로를 예외로 하고 있습니다. 이러한 입장은 새롭게 발전하고 있는 인권 개선을 거부함으로써 미국 국민들에게 해를 입히는 것입니다. 또한 이 세계 최강의 깡패 국가의 힘과 권력은 다른 국가들의 법치주의에 심각한

타격을 입히고 있습니다.[3]

c) 교만한 군사적 우월성 (1:8-10)

8-10절은 어떤 상대라도 제압할 수 있는 강력한 무기를 자랑하는 군국주의 국가를 묘사합니다. 바벨론에는 고대의 빠른 기동력을 자랑하는 전차와 무장 이동 수단들"말", "기병대"이 있습니다. 이들은 재빠르게 움직이는 포식자인 표범이나 독수리처럼 지형을 빠르게 가로지르며 곳곳을 누비고 다닙니다. 현대의 공군력도 비슷한 이미지를 가지고 있습니다.

게다가 "그들은 **폭력**을 휘두르러" 옵니다9a절. 굵은 글씨는 저의 강조 표현입니다. 이 단어가 반복하여 나옵니다. 이 모든 군사 장비는 국가의 자기 방어를 위해 만들어진 것이 아니라 무자비하고 의도적인 정복을 위해 만들어진 것입니다. 여기서 하나님이 하박국의 말을 반향하신 것은 무언가 역설적입니다. 하박국은 "폭력이다!"2절라고 외쳤지만, 하나님은 "맞다. 하지만 너희

---

3   David Swanson, "The Hubris of American Exceptionalism Devalues the Rest of the World," *Truthout*, May 10, 2018, https://truthout.org/articles/the-hubris-of-american-exceptionalism-devalues-the-rest-of-the-world/.

는 아직 최악은 보지 못했다"라고 말씀하시기 때문입니다.

하나님은 아브라함의 후손이 '모래'처럼 번성할 것이라고 약속하셨지만[창 22:17], 9b절에서 모래는 포로, 전쟁 난민, 내전으로 인한 실향민, 대량 학살을 피해 도망친 온 나라 등 인간이 저지른 폭력으로 인해 사상자가 넘쳐나는 세상이라는 매우 다른 의미로서의 증가를 상징하는 그림이 되어 버립니다.

그 와중에도 바벨론의 선전 장치는 교만한 국가적 자부심을 알리는 배경 음악을 내보내며 열심히 일하고 있습니다. 다른 나라들은 조롱과 조소와 비웃음의 대상에 불과합니다[10절]. "나는 당신들보다 더 큰 핵 미사일 단추를 가지고 있다…"와 같은 말을 하면서 말입니다.[4]

---

[4] Scott Neuman, "Trump Taunts Kim: My 'Nuclear Button' Is 'Much Bigger' Than Yours," *The Two-Way* (blog), NPR, January 3, 2018, https://www.npr.org/sections/thetwo-way/2018/01/03/575240956/trump-taunts-kim-my-nuclear-button-is-much-bigger-than-yours에서 도널드 트럼프가 북한의 김정은을 조롱했다고 한 것을 참조하세요.

d) 국가적 우상 숭배(1:11)

바빌로니아는 겉보기에는 천하무적과 같은 위용을 과시하며 멈추지 않고 계속하여 전진합니다. 하나님의 심판에 부딪히기 전까지는 말입니다. 언제나 그랬고 앞으로도 그러실 것처럼 하나님께서는 최후의 판결을 내리십니다. 이 판결은 11b절에 나옵니다_{문자 그대로 번역해 보았습니다}.

그는 유죄하니 이는 그의 힘이 그의 신이기 때문이다.

여기 한 왕_{이 곳에서는 느부갓네살이지만 모든 통치자, 대통령, 총리 등이 될 수 있습니다}이 있습니다. 그는 자신의 힘을 자랑할 뿐만 아니라 그 힘을 숭배하기까지 합니다. 이 왕이 보기에 자신의 힘은 신적인 수준에까지 도달했습니다. 이것은 국가적 자부심과 힘을 섬기는 우상 숭배에 나르시시즘적 자기 숭배까지 결합된 우상 숭배입니다. 이것은 느부갓네살에게서 시작되지도 않았고, 확실히 그에게서 끝나지도 않은 고전적인 조합입니다. 마치 '바벨론이 우선한다!' '바벨론을 다시 위대하게'와 같은 구호를 외치고 있는 것과 같습니다_{아브라함 이전에 함무라비 시대에도 바벨론이 강성했던 시대가 있었습니다. 그리고 느부갓네살이 신바빌로니아 제국을 건설했습니다}.

자기 신격화. 이것은 인간이 만든 거대한 교만과 우상 숭배이며, 개인을 고통스럽게 할 수도 있지만, 자국의 이익을 위해 주변 세계를 지배하려는 국가들의 대표적인 특징이기도 합니다. 우리 인간은 어떤 한 대륙을 정복하는 데 성공하면, 처음부터 그렇게 할 수 있도록 어떤 신적인 자격을 부여받은 것이라고 착각하기 쉽습니다. 이런 경우에도 여전히 우리는 하나님께 영광을 돌리는 신조, 찬양, 예전을 지키고 있을지도 모릅니다. 문제는 하나님의 이름과 '신념'이 국가의 정체성, 국가의 영광, 국가의 이기심으로 변질되고 만다는 것입니다. 저는 이에 해당하는 적합한 예시 중 하나가 대영 제국이라고 생각합니다. 그리고 그 유산이 현대 영국을 진정으로 '위대하게' 만드는 것이라 생각하고 있으며 바로 이 관점이 영국의 문화 전쟁이라는 방식으로 여전히 공명하고 있다고 봅니다.

이러한 자기 영광과 자기 신격화 현상은 바빌로니아 사람들이 심판을 받아야만 하는 이유가 됩니다. 이는 (앞으로 하박국 2장에서 다룰) 다른 어떤 반인륜적 범죄보다도 살아 계신 하나님 앞에서 '유죄'를 선고받게 되는 가장 큰 죄악입니다. 바빌로니아 사람들에게는 벨, 느보, 마르둑 등의 이름을 가진 이방 신들도 분명히 있었지만, 그들은 스스로

신이 되었습니다. 하지만 이것들은 바벨론이라는 도시, 국가, 왕, 제국의 힘과 영광을 의인화한 것에 불과했습니다. 다니엘 3장에 나오는 느부갓네살의 빛나는 금 신상을 생각해 봅시다. 그 신상은 느부갓네살의 지위와 힘을 상징했습니다. 그러므로 누구든지 이 신상에 절을 하고 경배해야 했고, 그렇게 하지 않으면 풀무불에 던져져야만 했습니다. 신상에 절하지 않으면 불에 타 죽습니다. 왕에게 경배하지 toast 않으면 죽음 toast을 맞이해야 했습니다.

그러므로 '바벨론'이 성경의 모든 시대에 걸쳐 하나님을 모독하는 인간 제국을 뜻하는 성경의 암호어가 된 것은 그리 놀랄 만한 일이 아닙니다. '바벨론'은 자기 자신을 높이고 군사적으로나 경제적 (또는 두 가지 모두를) 수단으로 지배하려는 교만한 인간 권력을 의미할 수 있습니다. 인류 역사에는 고대와 근대 그리고 현대에 이르기까지 수많은 '바벨론'이 존재해 왔습니다. 요한계시록은 바벨론의 근본적인 사탄적 본성과 그 궁극적인 운명을 명확하게 묘사하고 있습니다.

따라서 하박국 1:6-11은 의심할 여지 없이 바벨론이 폭력적이고 파괴적이며 탐욕스럽고 우상 숭배적이며 교만하고 악한 근동의 강대국으로 급부상하고 있다는 사실을 우리에게 보여 줍니다. **하나님께서도 이와 동일하게 말씀하십니다.** 하나님은 속으시거나 순진한 분이 아니십니다. 하나님은 이 나라가 어떤 나라인지 잘 알고 계십니다. 하나님은 전에도 이 모든 것을 보셨습니다. 바빌로니아 사람들은 분명히 아시리아 사람들의 전철을 밟을 것인데, 하나님은 그 이전 제국을 무려 백오십 년 동안이나 참아 주셨습니다. 이처럼 하나님께서는 느부갓네살과 그의 군대가 이미 메소포타미아에서 무슨 짓을 했는지 알고 계시고, (하나님께서 허락하시는 한) 앞으로 그가 무슨 짓을 저지를지도 알고 계십니다.

그런데도 하나님은 "내가 바빌로니아 사람을 일으키겠다"[6절]라고 말씀하십니다. 이 얼마나 놀랍고, 끔찍하고, 받아들이기 힘든 말씀입니까?

다시 하박국에게로 시선을 돌려 봅시다. 방금 하나님이 자신에게 하신 말씀을 듣고 점점 더 공포에 떨고있는 하박국의 모습을 상상해 봅시다. 유다의 폭력과 불의를 두고 불평하는 하박국을 향한 하나님의 응답이 이것이라고요?! 과연 하나님의 응답은 어떤 내용이었을까요?

하박국의 투쟁 (1:12-2:1)

하박국 1:11과 1:12 사이에는 꽤 긴 침묵이 있었던 것 같습니다!

하박국은 하나님께서 자신에게 하신 말씀을 충분히 곱씹었고 시간이 지나면서 충격은 어느 정도 가라앉았을 것입니다.

한편 저는 하박국이 그 의미를 깊이 숙고하고 (이제 막 시작했을 뿐이지만) 하나님이 왜 그렇게 말씀하셨는지 비로소 '이해하기' 시작하면서 침묵의 시간이 흐른 것일 수도 있다고 상상해 봅니다.

다음 이어지는 하박국의 말을 보면 처음에는 매우 긍정적으로 믿고 받아들이는 태도가 보입니다. 하지만 그는 여전히 마음을 괴롭히는 질문을 품고 있었고 잠시 후 그것에 대해 질문할 것입니다. 다만 하박국은 하나님께서 말씀하시는 바가 무엇인지는 알겠기에, (적어도 부분적으로는) 자신이 하나님의 뜻을 이해하는 것이 합리적으로 느꼈을 것입니다. 물론 하박국이 도무지 이해하기 어려운 또 다른 측면의 납득하기 어려운 상황이 여전히 존재합니다. 하지만 적어도 그가 내뱉은 첫 마디가 오랜 시간 깊게 고민한 끝에 나온 말이라는 점에 무게를 두고 보도록 합시다.

하박국이 확신하는 것 (1:12a)

여호와 나의 하나님,
나의 거룩한 이시여 주께서는 만세 전부터 계시지 아니하
시니이까
우리가 사망에 이르지 아니하리이다
(1:12a, 『개역개정』)

(히브리어 원문으로 볼 때) 11절의 마지막 단어는 바빌로니
아 사람들이 스스로 만든 신, 즉 "**제** 힘이 곧 하나님"_{굵은 글}
_{씨는 저의 강조 표현입니다}입니다. 여기서 하박국은 극명하고 인상적
인 대조를 통해 자신의 하나님이 누구인지 확신하는 것으
로 응답을 시작합니다. 그는 "여호와 **나의** 하나님"_{굵은 글씨는}
_{저의 강조 표현입니다}이라고 외칩니다. 하박국의 하나님은 최근 근
동을 휩쓴 제국의 확장으로 새로이 등장한 신이 아니라
영원부터 함께하신 하나님입니다. 그리고 하박국은 자신
의 하나님을 야웨 하나님, 즉 수세기 동안 자신의 백성에
게 신실함을 증명해 온 이스라엘 하나님의 언약 이름으로

부릅니다.

"주께서는 만세 전부터 계시지 아니하시니이까" 이 질문은 당연히 "그렇다!"라는 대답을 기대하는 수사적 질문입니다. 하박국은 하나님께서 모든 세대를 거치며 당신의 백성과 공유했던 믿음, 즉 그들의 이야기와 예배를 통해 살아 숨 쉬고 있는 믿음을 반영합니다.

영원하신 하나님이 네 처소가 되시니
그의 영원하신 팔이 네 아래에 있도다
(신 33:27, 『개역개정』)

1 주님은 대대로 우리의 거처이셨습니다.
2 산들이 생기기 전에,
  땅과 세계가 생기기 전에,
  영원부터 영원까지, 주님은 하나님이십니다.
(시 90:1-2, 『새번역』)

그러나 이 영원하신 하나님은 역사와 찬양의 가사에만 등장하는 먼 곳에 계신 하나님이 아닙니다. 하박국은 야웨 하나님과의 개인적인 관계를 세 번이나 확언합니다. "나의

하나님, **나의** 거룩하신 주님… (나의) 반석이신 주님께서
는…"12절. 「새번역」. 굵은 글씨는 저의 강조 표현입니다.

"나의 거룩하신 주님"은 소위 신들이라고 불리는 다른
모든 우상들과 구별되는 하나님을 의미합니다. 종종 이스
라엘의 예배에서는 "주님과 같은 분이 누구입니까?"라는
수사적 질문을 던지는데, 당연히 예상되는 대답은 "아무도
없다"입니다. 야웨는 권능, 위엄, 정의, 구원, 은혜, 용서,
계시, 인도, 교훈 등 성경이 그분에 대해 고백하는 모든 면
에서 견줄자나 경쟁자도 없습니다. 하박국은 살아 계신 하
나님이 누구인지 알고 있으며, 그분과 같은 다른 신은 없
다는 것을 잘 알고 있습니다. 사실, 다른 신은 세상 어디에
도 없습니다!

"(나의) 반석." '반석'은 이스라엘의 하나님을 표현하는
가장 오래된 은유 중 하나입니다. 이 표현은 신명기의 마
지막에 모세가 부른 위대한 노래로 거슬러 올라갑니다.

3 내가 주님의 이름을 선포할 때에,

너희는 '우리의 하나님 위대하시다' 하고 응답하여라.

4 하나님은 반석, 하시는 일마다 완전하고,

그의 모든 길은 올곧다.

그는 거짓이 없고, 진실하신 하나님이시다.

의로우시고 곧기만 하시다.

(신 32:3-4, 『새번역』)

이 장면은 안전함에 대해 이야기합니다. 늪이나 위험한 강에 비해 큰 반석은 안전한 장소입니다. 반석은 폭풍우로부터 안전하게 피할 수 있는 돌출된 큰 바위일 수도 있습니다. 반석이신 하나님은 **신뢰할 수 있는 분**이십니다. 우리는 그분의 말씀 위에 설 수 있고, 그분의 보호를 신뢰함으로 안전할 수 있습니다.

따라서 반석이신 야웨 하나님은 여전히 그 자리에 계시고 땅 위의 어떤 바위나 산보다 더 오래 그곳에 계셨으므로 결론은 하나뿐입니다.

"당신은 영원히 사망에 이르지 않으리이다"[12a절, NIV2011]. 또는 "**우리가** 사망에 이르지 아니하리이다"[새번역, 굵은 글씨는 저의 강조 표현입니다]라고 번역하는 것이 더 나을 수도 있습니다[이러한 독법의 차이는 성경 사본 증거에 있어서 약간의 차이가 있기 때문입니다]. 하박국이 하나님의 영원성에 대해 이야기하는 것이든, 아니면 그의 백성의 안전에 대해 이야기하는 것이든, 어느 독법을 선택하건 이것은 확신에 찬 믿음의 진술입니다. 야웨는 살아 계시며 영원히 사망에 이르지 않으실 것입니다. 그러므로 야웨께 속한 백성인 우리 역시, 바벨론이 아무리 폭력적이고 강력한 힘을 가지고 있다고 해도, 그들이 우리를 공격하여 수 많은 사람들이 고통 속에 죽는다 해도 결코 망하지 않을 것입니다. 하나님의 백성은 멸망하지 않을 것입니다.

우리는 이것을 확신할 수 있습니다. 이것은 이야기의 끝이 아니며, 이야기의 주인공이신 하나님의 끝이 아니기 때문입니다. 바벨론과 그들의 신인 "제 힘이 곧 하나님"은 살아 계시고 영원하신 하나님, 이스라엘의 거룩하신 하나님을 물리치거나 멸망시킬 수 없기 때문에 하나님의 백성은 반드시 살아남을 것입니다. 그리고 하나님의 영원하심 안에 그 분의 백성은 안전을 보장받습니다.

이것이 바로 하박국이 고백하는 바이며, 이 믿음의 진술은 우리가 굳건히 세워야 할 믿음의 올바른 시작이자 견고한 기초입니다. 하지만 하박국은 여기서 한발 더 나아갑니다.

하박국이 받아들인 것 (1:12b)

주님, 주님께서는 우리를 심판하시려고 그를 일으키셨습니다.

반석이신 주님께서는 우리를 벌하시려고 그를 채찍으로 삼으
셨습니다.

(1:12b, 『새번역』)

여기서 하박국은 하나님께서 명시적으로 말씀하지 않
으신 것을 인식하고 자신의 말로 표현합니다. 그런데 바로
이 때부터 하나님의 말씀과 결합된 하박국의 생각의 흐름
이 시작됩니다.

2-4절에서 하박국이 하나님께 어째서 유다의 악한 백
성을 심판하지 않으시는지 질문했던 것이 기억나실 겁니
다. "정의가 전혀 시행되지 못하오니 … 정의가 굽게 행하
여짐이니이다"^{4절, 『개역개정』}. 정의의 하나님이라면 당연히 이
에 대해 무언가 조치를 취해 주셔야 마땅 합니다! 과연 하
나님은 바벨론 사람들을 일으켜 세울 것이라고 말씀하면
서 하박국의 불평에 응답하셨습니다. 이는 하나님이 유다,
곧 **하나님의 백성**에게 내릴 정의로운 심판을 집행할 도구
로서 바빌로니아 사람들을 사용하기로 의도하셨다는 의미
일 것입니다! 하나님**께서는** 정의를 행하고 계시지만 하박
국이 원했던 것과는 상당히 다릅니다.

그럼에도 불구하고 하박국은 이러한 하나님의 결정을

받아들입니다. 하박국은 모호하지 않으면서도 아주 단호하게 말합니다. 12b절의 하박국의 말은 4절의 불평을 반영합니다. '정의'와 '심판'벌하시다이라는 용어는 둘 모두 히브리어 미쉬파트mishpat 입니다. 유다에서는 '정의'미쉬파트가 거부되거나 왜곡되었습니다. 그러나 이제 하나님께서는 "그들"바빌로니아 사람들을 '정의를 위해'미쉬파트. 『새번역』, "벌하시려고", 『개역개정』 "심판하기 위하여" 세우셨습니다. 하박국은 12b절의 마지막 줄에서 이것이 무엇을 의미하는지를 정확히 설명합니다. "반석이신 주님께서는 우리를 벌하시려고 그를 채찍으로 삼으셨습니다." 바빌로니아 사람들은 보응하시는 하나님의 정의의 도구가 될 것입니다.

이 지점에서 일어나고 있는 하박국의 사고의 전환과 진행 상황을 살펴볼까요?

● 3-4절에서 하박국은 하나님께서 정의를 행하시지 않고 계시다며 불평합니다.
● 12절에서 하박국은 하나님께서 정의를 행하시되 바벨론 사람들을 통해 행하시리라는 점을 받아들입니다.

즉, 하박국이 받아들일 수 있고 참으로 갈망했던 근본

적인 대목은 **하나님께서** 유다의 악한 자들에게 **실제로 심판을 행하실 것**이라는 점입니다. 하나님께서는 언약에 명시된 저주를 유다의 악한 자들에게 내리심으로 '정의를 행할' 것입니다. 그들은 뿌린 씨앗대로, 악한 행동에 상응하는 보응의 열매를 거두게 될 것입니다. 이스라엘 사람들은 토라와 다른 예언자들의 말, 그리고 (사사기에서 볼 수 있듯이) 수 세기에 걸쳐 축적된 자신들의 역사를 통해 이 사실을 알고 있었습니다. 지속적으로 회개하지 않는 죄는 필연적으로 하나님의 심판을 불러오기 마련입니다. 하박국도 이를 잘 알고 있었으므로 받아들인 것입니다. '온 땅의 심판자'는 참으로 정의를 행하실 것입니다. 악은 결코 최후의 승자가 될 수 없을 것입니다.

그럼에도 불구하고 하박국이 좀처럼 받아들이기 어려웠던 부분이 있습니다. 바로 "주님께서는… **그를** 일으키셨습니다"^{12b절, 굵은 글씨는 저의 강조 표현입니다}라는 생각 때문이었습니다.

바로 그들!

이 끔찍하고 폭력적인 이방의 대적, 사악하고 교만하고 탐욕스럽고 파괴적이며 자기 숭배적이고 우상을 무수하게 만들어 낸 이교도의 제국! 이것이 하나님 그분께서 그들을 묘사하시는 방식입니다. 그렇다면 하나님은 어떻게 그들을 당신의 정의의 도구로 사용하려는 것일까요?

어떻게 그러실 수 있을까요?

이 질문은 하박국을 두 번째 불평과 질문으로 이끕니다. 이제 우리는 긍정하고 받아들이는 하박국에서 (또다시!) 논쟁하는 하박국을 보게 됩니다.

하지만 한 가지 주목해야 할 점이 있습니다. 13절부터 1장 마지막까지 이어지는 하박국의 논증은 12절의 확신 **이후**에 나온다는 점입니다. 하박국은 자신의 관점을 제대로 파악하고 있습니다. 물론 그는 여전히 의문을 가지고 있습니다. 여전히 이해할 수 없는 것도 있습니다. 그러나 하박국의 모든 의문은 성경적 믿음의 토대 위에서 발생한 것입니다. 하박국은 자신이 하나님과 그분의 도에 대해 **진리라고 알고 있는 것**에 근거하여 **자신이 이해할 수 없는** 사안들에 대해 의문을 제기합니다. 정확하게 말하면 하박국이 하나님에 대해 믿는 바가 있기 **때문에** 그런 질문이 제기되었다고 할 수 있습니다.

하박국은 전도서에 나오는 코헬렛한글 성경은 주로 전도자라고 번역합니다—옮긴이과 비슷한 점이 있습니다.

코헬렛과 같이

- 하박국은 하나님에 대한 자신의 믿음을 전적으로 확신하지만, 자신이 직면한 문제를 부정할 수도 없습니다.
- 하박국이 하지 않은 것은 (코헬렛도 하지 않았던 것처럼) 단순히 문제를 이해할 수 없다는 이유로 하나님에 대한 믿음을 포기하지 않았다는 점입니다.

이에 덧붙여 데이빗 프라이어는 이렇게 말합니다.

하박국은 하나님의 영원한 변치 않으심과 하나님과 예언자 사이의 언약 관계에 대한 개인적인 의지라는 반석 위에 자신의 발을 단단히 디딘 후에야 비로소 이와 같은 차원에서 하나님께 자유로이 불평할 수 있게 되었습니다. … 쓴 냉소 주의와 믿음의 대결 사이에는 항상 다음과 같은 중요한 구분점이 있었습니다. **하나는 믿기를 거부하는 부정이고, 다른 하나는 부정을 거부하는 믿음입니다.** 하나는 자기 주장만을 하고 대답을 기다리지 않는 것이고, 다른 하나는 자기 주장을 하되 대답이 있을 때까지 기다리는 것입니다.[5] 굵은 글

5 David Prior, *The Message of Joel, Micah and Habakkuk*, The Bible Speaks Today (Leicester, UK: IVP, 1998), 222–23

씨는 저의 강조 표현입니다

이제 이러한 내용을 바탕으로 하박국과 함께 하나님께 드리는 두 번째 중대한 질문으로 넘어가 보겠습니다.

하박국이 논쟁하는 것 (1:13-2:1)

13 주님께서는 눈이 맑으시므로, 악을 보시고 참지 못하시며,

패역을 보고 그냥 계시지 못하시는 분입니다.

그런데 어찌하여 배신자들을 보고만 계십니까?

악한 민족이 착한 백성을 삼키어도,

조용히만 계십니까?

14 주님께서 백성들을 바다의 고기처럼 만드시고

다스리는 자가 없는 바다 피조물처럼 만드시니,

15 악한 대적이 낚시로 백성을 모두 낚아 올리며,

그물로 백성을 사로잡아 올리며,

쟁이로 끌어 모으고는, 좋아서 날뜁니다.

16 그러므로 그는 그 그물 덕분에 넉넉하게 살게 되고

기름진 것을 먹게 되었다고 하면서,

그물에다가 고사를 지내고,

쟁이에다가 향을 살라 바칩니다.

17 그가 그물을 떨고 나서,

곧 이어 무자비하게 뭇 백성을 죽이는데,

그가 이렇게 해도 되는 것입니까?

2:1 내가 초소 위에 올라가서 서겠다.

망대 위에 올라가서 나의 자리를 지키겠다.

주님께서 나에게 무엇이라고 말씀하실지 기다려 보겠다.

내가 호소한 것에 대하여

주님께서 어떻게 대답하실지를 기다려 보겠다.

『새번역』

13절에서 하박국은 3절에서 자신이 직면했던 문제를 회상합니다. 불행히도 3절에서의 문제는 13절에서 심각하게 확대되었습니다. 3절에서 그가 불평하며 던진 질문은 "어찌하여 **나로** 불의를 보게 하십니까?"였습니다(굵은 글씨는 저의 강조 표현입니다). 이는 마치 하박국이 다음과 같이 말하는 것 같습니다. "제가 불의를 보는 것만으로도 충분히 나쁜 상황입니다. 그런데 저도 다른 사람들과 마찬가지로 죄인이지 않습니까. 제 눈은 매일 악을 보는 데 익숙합니다. 하지만 주님! 당신은 지극히 거룩하신 하나님이시잖아요. '주님께서는 눈이 맑으시므로, 악을 보시고 참지 못하시잖아요' 그런데 '(당신은) 어찌하여 배신자들을 보고만 계십니까?'13절. 굵은 글씨는 저의 강조 표현입니다. 그리고 분명히 주님은 그들을 보고 계실 뿐만 아니라 당신의 뜻을 이루기 위해 그들을 이용하기까지 하십니다. 어떻게 이러실 수가 있습니까, 하나님?"

어찌하여?3절 그리고 또 한 번 어찌하여?13절 하박국의 질문은 이렇게 멈추지 않습니다.

하박국은 한편으로는 하나님께서 순전하게 거룩하신 분이면서 또 다른 한편으로는 악한 사람들도 사용하시는 분이라는 점 사이에 나타나는 명백한 모순에 부딪혀 고군분투하고 있습니다. 특히 그런 악인을 당신의 정의를 이루기 위한 대리인으로 사용하려고 계획하신다는 점에서 더더욱 그렇습니다.

하박국은 시편 기자들이 여러 곳에서 분명하게 전한 바를 알고 있었을 것입니다. 예를 들어, 다음과 같은 말들입니다.

> 4 주님께서는 죄악을 좋아하시는 하나님이 아니십니다.
>
> 악인은 주님과 어울릴 수 없습니다.
>
> 5 교만한 자들 또한 감히 주님 앞에 나설 수 없습니다.

주님께서는 악한 일을 저지르는 자들을 누구든지 미워
하시고,

6 거짓말쟁이들을 멸망시키시고,

싸움쟁이들과 사기꾼들을 몹시도 싫어하십니다.

(시 5:4–6, 『새번역』)

그러나 바로 이런 하나님께서 역사 가운데 당신의 뜻을
이루기 위해 그 악인들을 사용하실 것이라고 선언하고 계
십니다.

이제 이 시점에서 하박국은 우리 인간들에게 매우 전형
적으로 나타나는 행동을 취합니다. 하박국은 도덕적 고지
론을 주장합니다! 그는 13절 후반부에서 이렇게 말합니다.

악한 민족이 **착한 백성**을 삼키어도,

조용히만 계십니까?

(1:13b, 『새번역』. 굵은 글씨는 저의 강조 표현입니다)

하박국은 여기서 바빌로니아 사람들이 유다를 침략한
것을 언급하고 있습니다. 하지만 하박국이 진정 말하고자
하는 바는 이것 입니다. "하나님, 저는 우리 유다 백성들

이 3–4절에서 언급하며 말씀드린 대로 모든 면에서 악하다는 것을 압니다. 우리가 주님의 심판을 받아 마땅하다는 것을 인정합니다. 하지만 **우리가** 바빌로니아 사람들**만큼 악하지 않다는 것** 또한 주님은 분명히 아실 것입니다! 그런데 어떻게 우리보다 **더 악한** 사람들ㄱ들을 이용해 **덜 악한** 사람들우리들을 벌하실 수 있으십니까?!"

오히려 욥과 성경의 다른 많은 사람들처럼 하박국도 하나님으로부터 우주의 도덕적 심판자 역할을 넘겨받기를 원했습니다. "내가 세상을 다스린다면… 이 모든 일을 아주 다르게 판결할 거야"라고 말하고 싶은 일종의 자만심입니다. 그러나 사실 하나님은 죄를 등급순으로 나누지 않으십니다. 또한 하나님께는 **우리가** 검증하고 승인한 사람들만 심판의 대리인으로 사용할 의무도 없으십니다.

맞습니다. 성경은 어떤 악한 행위는 다른 악행보다 더 악하다는 것을 보여 주며, 하나님의 심판은 의심할 여지없이 죄의 가중을 고려합니다. 하지만 현실은 "모든 사람이 죄를 지었으매…"롬 3:23라고 말씀합니다. 또 한 시편에서는 이렇게 말하기도 합니다.

2 주님께서는 하늘에서 사람을 굽어보시면서,

지혜로운 사람이 있는지,

하나님을 찾는 사람이 있는지를, 살펴보신다.

3 너희 모두는 다른 길로 빗나가서 하나같이 썩었으니,

착한 일을 하는 사람이 하나도 없구나.

(시 14:2-3, 『새번역』. 바울은 이 시편 구절을 롬 3:10-12에

서 인용합니다)

하나님은 당신이 선택한 어떤 방식으로든 당신의 정의
를 행사할 고유한 권한을 가지고 계십니다. 더욱이 하나님
의 저울에는 심판받지 않을 만큼 의로운 사람이나 나라는
존재하지 않기 때문에 하나님은 신명기 9장에서 이스라엘에게 매우 단호하게 이 부분
을 말씀하셨습니다 의로운 사람들만을 사용하여 악한 사람들을 처
벌할 수는 없습니다.

그럼에도 불구하고 하박국은 14-17절에서 자신의 주장
을 밀어붙입니다. 하박국은 인간을 바다의 물고기에 비유
합니다. 그들 모두는 모여 행복하게 헤엄치고 있습니다.
그런데 그때 그물을 든 어부가 등장합니다 한 번에 한 마리의 물고기
를 잡는 낚싯줄과 갈고리를 가진 낚시꾼이 아니라 한 번에 물고기를 떼로 잡는 그물을 가진 사람입니다.
그 어부는 인간을 그저 허우적거리는 물고기처럼 취급하
며 물고기를 사냥하고자 하는 탐욕에 사로잡힌 채 자신의

어획량을 자랑합니다.

이 비유는 전쟁을 벌이는 제국들이 전 인류에게 어떤 영향을 미치는지 매우 생생하게 보여 줍니다. 노예 거래, 대량 학살, 인종 청소, 인신 매매 등의 끔찍한 참상이 떠오르게 합니다. 이 모든 잔혹 행위는 인간의 고름^{misery}을 짜내는 대가로 음란하고 사치스러운 생활 방식을 영위하는 자들에게 막대한 이익을 가져다줍니다^{16b절}.

그래서 하박국은 바빌로니아 사람들이 자신들의 "그물"^{16절}, 즉 자신들의 이익과 영광을 위해 인간 전체를 거대한 제국 기계 안으로 쓸어 담는 군사력을 숭배하는 모습으로 그려냅니다. 바빌로니아 사람들이 이런 전체 체계를 신격화하는 이유는 자신들의 사악함과 폭력을 쉽게 정당화할 수 있기 때문입니다. 이는 확실히 효과가 있습니다! 우리를 부자로 만들어 줍니다! 역사상 자신을 지극히 높인 모든 제국은 그 결과가 매우 만족스러웠기 때문에 자신들의 행위를 정당화(심지어 성스럽게)하는 방편으로 종교적 근거를 마련하곤 했습니다. 많은 이들은 자신이나 회사, 국가, 제국에 안겨줄 막대한 이익을 위해 자신의 행동을 정당화할 수 있는 수만 가지 종교적 이유를 찾으려고 할 것입니다.

이 흉악한 악은 영원히 계속될까요?[17절] 하박국은 이러한 의문을 그냥 두고 침묵할 수 없습니다. 그리고 분명히 하박국은 우리가 이해할 수 없는 이 세상에서 똑같은 일로 고통받는 우리를 위해 말하고 있으며, 또한 우리가 이해하려고 애쓰는 그 하나님의 통치를 받고 있습니다.

어찌하여…?[13절]

어느 때까지…?[17절]

하박국은 참 끈질깁니다, 그렇지 않습니까?

이 장에서 살펴본 내용을 요약해 봅시다.

- 하나님은 하박국의 시야를 넓히셔서, 그에게 자신의 나라에서 일어나는 일뿐만 아니라 하나님이 통치하시는 더 넓은 국제 정세에 대해 바라보도록 부르셨습니다[5a절].

- 하나님은 하박국에게 당신이 과거뿐만 아니라 불안한 현재와 머지 않은 미래에도 역사 속에서 일하고 계신다고 말씀하십니다[5b절].

- 하나님은 바빌로니아 사람들을 일으키겠다고 말씀하시고, 하박국은 하나님께서 그들을 심판의 도구로 사용하려는 의도를 가지고 계심을 감지합니다[6, 12절].

그러나 하나님의 대답은 하박국에게 **자신의 문제를 증폭시키기만 할** 뿐입니다. 하나님께서 아무것도 하지 않으시고 이스라엘 가운데 악한 자들이 오랫동안 활개를 치도록 그들을 내버려 두시는 것만으로도 충분히 곤란한 상황이었습니다. 하나님의 침묵과 일하지 않으심을 견디는 것 자체가 이미 힘겨웠습니다2-4절.

그런데 이제 **더 큰 문제**가 나타납니다 하나님께서 자기 백성에게 정의를 **행하시기** 위해 더 악한 나라를 적극적으로 일으키고 사용하겠다고 하신 것입니다. 하나님의 정의를 구현하기 위해 일으킨 대리자 자체가 이토록 명백히 악하다니, 하나님이 왜 이렇게 하시는지 이해하기 어렵습니다12-17절.

- 하나님이 정의를 행하시지 않으셔도 문제요
- 하나님이 정의를 행하셔도 문제입니다!

어쨌든 하박국은 계속해서 두 번째 이의를 제기합니다. 이번에는 하박국에게 있어서 대답을 듣기까지 꽤 긴 기다림이 될 것으로 예상되지만, 그는 이미 이에 대한 대비도 해두었습니다. 하박국은 하나님으로부터의 빠른 해결책을 기대하지 않으며, 우리도 그러해야 합니다.

> 내가 초소 위에 올라가서 서겠다.
> 망대 위에 올라가서 나의 자리를 지키겠다.
> 주님께서 나에게 무엇이라고 말씀하실지 기다려 보겠다.
> 내가 호소한 것에 대하여
> 주님께서 어떻게 대답하실지를 기다려 보겠다.
> (2:1,『새번역』)

하박국은 성벽 위의 외로운 보초병, 밤새도록 망을 보며 감시하는 파수꾼처럼 자리를 지키고 있습니다. 그는 하나님의 응답도 필요하지만, 자신의 '불평'에 대해, 아마도 자신과 같은 질문을 던지고 있는 다른 사람들에게 어떻게 대답해야 할 것인지에 대해서도 생각해야 합니다. 다음 장에서 우리는 결국 하나님이 주신 응답을 듣게 됩니다.

적용과 토의를 위한 질문

1. 특정 지역 또는 특정 국가의 이슈에 대해 염려하다가 하나님이 세상에서 행하시는 모든 일에 대해 더 넓은 관점을 갖는 것이 중요하다는 것을 깨달은 적이 있나요?

2. 우리는 여전히 세상을 '좋은 사람과 나쁜 사람', 또는 '나쁜 사람과 더 나쁜 사람'으로 나누는 경향이 있다고 생각하나요? 하박국서는 그런 단순한 도덕적 구분의 위험성을 인식하는 데 도움이 됩니까?

3. 모든 것이 완전히 그리고 모든 면에서 나쁘기만 하다고 생각되는 상황에서, 하나님께서 이미 어떻게 그리고 어디에서 일하고 계시는지 분별하려면 때때로 얼마나 오랜 인내심을 가지고 기다려야 할까요?

제3장

믿음으로 살다

앞선 두 장에서 우리는 하나님께서 악한 사람들 앞에서 침묵하는 것을 하박국이 좋아하지 않는다는 것을 보았습니다. 그리고 하나님께서 (하박국의 관점에서 볼 때) 더 악한 사람들을 심판의 도구로 사용하고자 계획하신 것도 좋아하지 않았다는 것 또한 보았습니다. 하박국은 두 가지 질문을 하나님께 드렸고 이제 인내심을 가지고 답변을 기다리고 있습니다.

내가 초소 위에 올라가서 서겠다.

망대 위에 올라가서 나의 자리를 지키겠다.

주님께서 나에게 무엇이라고 말씀하실지 기다려 보겠다.

내가 호소한 것에 대하여

주님께서 어떻게 대답하실지를 기다려 보겠다.

(2:1, 『새번역』)

하나님의 두 번째 응답은 두 부분으로 나뉩니다. 2:2-4에서는 일반적인 진술로 시작하고, 다음 장에서 다룰 2:5-20에서는 바벨론에 대한 훨씬 더 자세한 판결로 넘어갑니다. 이 '화 외침'예언서에 주로 나타나는 "화 있을진저"와 같은 표현을 가리키는 예언의 양식입니다—옮긴이의 목록은 (바벨론이 하박국이 생각했던 것보다 훨씬 더 악하다는 사실을 알고나서) 하박국에게 극심한 두려움을 안겨주었을 뿐만 아니라, 하나님께서 바벨론의 악을 정확히 알고 계시며 이미 그들을 심판하시기 위해 지목하고 계셨다는 묘한 안도감까지 가져다 줍니다. 하나님은 눈이 멀지 않으셨으므로 하나님이 눈치채지 못한 것을 하박국이 지적한 것은 아닙니다.

모든 열방을 향한 말씀 (2:2)

하박국이 하나님의 두 번째 응답을 얼마나 오래 기다렸는지는 알 수 없지만, 마침내 하나님은 응답하십니다. 그리고 하나님께서 하박국에게 가장 먼저 말씀하신 것은 하나님께서 그에게 주실 계시가 하박국 자신만을 위한 것은 아니라는 사실입니다.

주님께서 나에게 대답하셨다.

"너는 이 묵시를 기록하여라.

판에 똑똑히 새겨서,

누구든지 달려가면서도 읽을 수 있게 하여라."

(2:2, 『새번역』)

하박국은 하나님께서 자신에게 계시하신 내용을 (내구성이 강한) 판에 기록하여 전령'달리는 자'이 그것을 읽고 선포할 수 있도록 해야 합니다. 하나님께서 하박국에게 무엇을 말씀하시든 하박국은 반드시 세상에 알려야 합니다. **모든 사람이 이 말씀을 들어야 하기 때문입니다!**

덕분에 오늘날 우리 성경에 하박국서가 있는 것입니다. 하박국이 하나님의 말씀을 문자 그대로 점토판에 기록했는지, 아니면 (더 가능성이 높은) 하나님의 말씀을 훼손할 수 없게끔 내구성 있는 방법으로 기록하고자 단순히 비유적으로 표현한 것인지는 알 수 없지만, 하박국은 하나님의 말씀을 기록했습니다! 그리고 이 말씀, 곧 하박국서가 지금까지 남아 있는 것은 하나님께서 정경에 포함하시기 원하셨던 기록들을 섭리적으로 보존해 주셨기 때문입니다.

그러므로 이어지는 내용들은 분명 하박국이 개인적으

로 고민하던 질문에 답한 말씀인 것이 분명합니다. 동시에
수 세기 후에 하박국의 글을 읽고 있는 우리에게 주시는
말씀이기도 합니다. 그리고 실제로 이 말씀은 세상을 향한
말씀이기도 합니다! 하나님께서 말씀하실 때 **"온 땅**은 (내
앞에서) 잠잠하여"야 하고2:20, 『새번역』. 굵은 글씨는 저의 강조 표현입니다 그 말
씀에 귀 기울여야 합니다. 이는 곧 우리에게도 하박국이
하나님과 나누는 대화를 경청할 권리가 있음을 의미하며,
그렇게 열심히 경청할 때에야 비로소 우리는 자신과 우리
가 사는 현시대를 위한 하나님의 진리를 깨닫게 됩니다.

신뢰를 갖고 인내하라는 부르심 (2:3)

하나님께서 하박국에게 하신 두 번째 말씀, 즉 "기다려
라"는 말씀은 우리 모두에게 듣기에 상당히 절망스럽게 들
릴 수 있습니다. 그러나 이 말씀은 하나님께서 우리에게
'인내하라…'라고 말씀하시는 것입니다.

이 묵시는, 정한 때가 되어야 이루어진다.
끝이 곧 온다는 것을 말하고 있다.
이것은 공연한 말이 아니니,

비록 더디더라도 그 때를 기다려라.

반드시 오고야 만다.

늦어지지 않을 것이다.

(2:3, 『새번역』)

하박국이 "하지만 주님, 제가 이미 충분히 오래 기다렸다고 생각하지 않으십니까? 이것이 제 말의 요점입니다. 제가 주님께 처음 드렸던 말씀을 기억하십니까? '어느 때까지리이까'[1:2]였잖아요"라고 생각하는 소리가 우리에게 분명히 들리는 듯 합니다.

그러나 하나님은 고집을 꺾지 않으십니다. 하나님께서 계시하려는 것은 모든 일이 일어나기까지 오랜 시간이 걸릴 수도 있지만 "반드시 오고야" 말 것입니다. 하나님의 주권적 목적은 역사 안에서 반드시 성취될 것입니다. 하나님은 "거짓되지 아니할"[개역개정] 것입니다. 하나님은 거짓말을 하지 않으시며, 그분의 말씀은 항상 당신께서 정하신 뜻대로 성취할 것이기 때문입니다[사 55:10-11].

다음 장에서는 이 기다림이 과연 무엇을 의미하는지 살펴볼 것입니다. 하박국 2:5-20은 상당히 긴 시간을 다룹니다. (바빌로니아 사람들을 시작으로) 땅과 그 백성을 짓밟는 자들을 기다리는 '화 외침'부터 "주의 영광을 아는 지식이 땅 위에 가득"2:14, 『새번역』하게 될 때까지를 아우르고 있습니다.

하나님께서 하박국에게 이 말씀을 하신 지 2,500년이 지났지만, 우리는 여전히 영광으로 가득 찬 그 땅에 다다르지 못하고 있습니다. 그러므로 하박국 2:14은 지금 우리도 기대할 수 있는 영광스러운 미래의 모습입니다. 영광으로 가득 찬 땅은 하박국에게도 그리고 지금 우리에게도 여전히 유효한 미래입니다.

따라서 하박국 2장에는 하박국 시대의 바벨론에서 시작하여 온 땅을 향한 하나님의 심판 메시지에서 궁극적인 결단이라는 전 지구적 메시지로 옮겨 가는 환상이 등장합니다. 그리고 하나님은 하박국에게 하셨던 것처럼 우리에게도 말씀하십니다. "하나님을 신뢰하고 인내하라. 때가 올 것이다. 이는 **하나님 내 자신**이 직접 올 것이기 때문이다."

하박국은 임박한 하나님의 역사에 대해 알고 있었거나 알았어야 했습니다. 이스라엘의 예배는 하나님께서 악인을 심판하시고 의인을 지키시는 등 궁극적으로 모든 것을 바로잡기 위해 역사하실 것이라는 인내를 가진 기대로 가득차 있습니다. 예를 들어 시편 34편이나 시편 75편을 살펴보거나, 공동체가 가진 희망의 고백에 동참해 보십시오.

> 20 주님은 우리의 구원자이시오.
>
>   우리의 방패이시니, 우리가 주님을 기다립니다.
>
> 21 우리가 그 거룩한 이름을 의지하기에
>
>   우리 마음이 그분 때문에 기쁩니다.
>
> 22 우리는 주님을 기다립니다. 주님,
>
>   우리에게 주님의 한결같은 사랑을 베풀어 주십시오.
>
> (시 33:20-22, 『새번역』)

또한 우리는 훨씬 더 큰 규모로, 모든 민족과 모든 피조물의 노래에 지금도 동참하여 하나님께서 모든 것을 단번에 바로잡으러 오실 것을 기대합니다. 하나님께서 궁극적으로 정의를 행하실 때 안정과 의로움과 기쁨이 있을 것이기 때문입니다.

> 10 모든 나라에 이르기를 "주님께서 다스리시니,
>
>   세계는 굳게 서서, 흔들리지 않는다.
>
>   주님이 만민을 공정하게 판결하신다" 하여라.
>
> 11 하늘은 즐거워하고, 땅은 기뻐 외치며.

바다와 거기에 가득 찬 것들도 다 크게 외쳐라.

12 들과 거기에 있는 모든 것도 다 기뻐하며 뛰어라.

그러면 숲 속의 나무들도 모두 즐거이 노래할 것이다.

13 주님이 오실 것이니, 주님께서 땅을 심판하러 오실 것이니,

주님은 정의로 세상을 심판하시며,

그의 진실하심으로 뭇 백성을 다스리실 것이다.

(시 96:10-13, 『새번역』)

신약성경에서도 이 장래의 비전을 우리에게 전하는 메시지로 다시 제시합니다. 우리에게는 미래가 하나님의 손에 달려 있다는 '소망'확신에 찬 최상의 신뢰를 표현하는 성경적 의미입니다이 있습니다. 하나님은 예수 그리스도의 삶과 죽음과 부활을 통해 악의 세력에 대한 결정적인 승리를 이미 거두셨습니다. 그리고 그리스도께서 재림하실 때 하나님은 악의 세력과의 전쟁을 최종적으로 끝내실 것입니다. 하나님께서 최후의 심판을 통해 모든 것을 바로 잡으실 것이고, 새 창조를 통해 만물을 새롭게 하실 것입니다. 이것이 바로 다가올 미래를 기다리는 우리, 아니 오히려 하나님을 기다리는 우리를 기다리고 있는 원대한 미래입니다. 이것은 바울이 다음과 같이 말한 것처럼, 우리가 창조 세계와 공

유하는 '기다림'입니다 바울이 여기서 "기다리다"라는 단어를 몇 번이나 사용하는지 주목하시기 바랍니다.

18 현재 우리가 겪는 고난은, 장차 우리에게 나타날 영광에 견주면, 아무것도 아니라고 나는 생각합니다. 19 피조물은 하나님의 자녀들이 나타나기를 간절히 기다리고 있습니다. 20 피조물이 허무에 굴복했지만, 그것은 자의로 그렇게 한 것이 아니라, 굴복하게 하신 그분이 그렇게 하신 것입니다. 그러나 소망은 남아 있습니다. 21 그것은 곧 피조물도 썩어짐의 종살이에서 해방되어서, 하나님의 자녀가 누릴 영광된 자유를 얻으리라는 것입니다.

22 모든 피조물이 이제까지 함께 신음하며, 함께 해산의 고통을 겪고 있다는 것을, 우리는 압니다. 23 그뿐만 아니라, 첫 열매로서 성령을 받은 우리도 자녀로 삼아 주실 것을, 곧 우리 몸을 속량하여 주실 것을 **고대하면서**, 속으로 신음하고 있습니다. 24 우리는 이 소망으로 구원을 얻었습니다. 눈에 보이는 소망은 소망이 아닙니다. 보이는 것을 누가 바라겠습니까? 25 그러나 우리가 보이지 않는 것을 바라면, 참으면서 **기다려야** 합니다.

(롬 8:18-25, 『새번역』 굵은 글씨는 저의 강조 표현입니다)

이것이 바로 바울이 신자들로 하여금 참음과 인내로 강건해지기를 기도하는 이유입니다. 그리스도교 신앙은 단거리 경주가 아니라 장거리 여정입니다.

하나님의 영광의 권능에서 오는 모든 능력으로 강하게 되어서, 기쁨으로 끝까지 참고 견디기를 바랍니다.

(골 1:11, 『새번역』)

그리고 2,000년이라는 시간은 너무 길어서 기다리기 힘들다고 생각할 사람들을 위해 베드로는 우리의 시계를 하나님의 눈금에 맞추라고 권면합니다.

8 사랑하는 여러분, 이 한 가지만은 잊지 마십시오. 주님께는 하루가 천 년 같고, 천 년이 하루 같습니다. 9 어떤 이들이 생각하는 것과 같이, 주님께서는 약속을 더디 지키시는 것이 아닙니다. 도리어 여러분을 위하여 오래 참으시는 것입니다. 하나님께서는 아무도 멸망하지 않고, 모두 회개하는 데에 이르기를 바라십니다.

(벧후 3:8-9, 『새번역』)

하나님께서 친히 인내하신다면 우리도 인내할 수 있다
는 뜻입니다. 믿음은 기다림을 통해 진정성이 증명되는 법
이니까요.

근본적인 나뉨 (2:4)

하나님께서 하박국에게 하신 세 번째 말씀은 매우 극명
한 대비를 드러냅니다. 여기에는 인류 전체를 관통하는 이
분법이 등장합니다. 실제로 하박국 시대의 이스라엘을 관
통하는 이 이분법은 창세기 3장부터 요한계시록 20장까지
성경 전체를 관통하기도 합니다.

> 마음이 한껏 부푼 교만한 자를 보아라. 그는 정직하지 못하다.
> 그러나 의인은 믿음으로 산다.
> (2:4, 『새번역』)

이 구절은 하나님께서 다음에 하실 모든 말씀에 대한
일종의 서문 역할을 합니다. 바빌로니아 사람들물론 이들이 직접적
인 대상이지만뿐만 아니라 모든 사람들에 대한 하나님의 판결이
이 구절에 담겨 있습니다. 여기에는 근본적으로 두 종류의

사람이 구분되어 있습니다.

- (마음이) 한껏 부푼 교만한 사람들이 있는데, 그들의 속사람그들의 영혼은 전혀 올바르지 않습니다.
- 또한 믿음과 신실함으로 살아감으로써 하나님과 올바른 관계에 있는 사람들도 있습니다.

하나님께서는 곧바로 바벨론을 맹렬히 정죄 하시면서 첫 번째 범주의 사람들을 확장해 나가십니다5-19절. 그리고 3장에서 하박국은 두 번째 범주에 속한다는 것이 무엇을 의미하는지 (그리고 어떤 대가를 치루어야 하는지) 이해하도록 우리를 도와줄 것입니다.

이제 2:4의 요약 진술을 살펴보겠습니다. 앞서 말씀드렸듯이 이 구절은 다음에 나오는 모든 내용을 소개하는 역할을 합니다.

교만 (2:4a)

4절 전반부의 히브리어는 어려운 편입니다. 거칠게 직역하여 읽으면 다음과 같습니다. "부어 오른(또는 부풀어 오른)puffed-up, 그 안에 있는 그의 '영혼'이 똑바로 서 있지 않다." 참고로 '영혼'이라는 단어는 히브리어 **네페쉬**를 번역한 것으로, 모든 의도, 욕망, 감정을 가진 살아 있는 사람, 즉 '내 안에 있는 그대로의 나'를 의미하기 때문에 번역어로 채택하기에 아주 좋은 표현은 아닙니다. 이 구절의 전반부는 인간이 가진 마음의 교만함, 즉 하나님께서 인간의 삶에 열매맺기를 원하시는 방식과는 어긋나는 '똑바로 서 있지 않은' 결정과 말과 행동으로 우리를 이끄는 교만함에 대해 말하는 것 같습니다. 우리는 이것이 타락 이후 인간의 '일반적인' 삶이라고 말할 수 있습니다. 우리는 단순히 하나님의 성품과 도덕적으로 일치하는 '똑바로 선' 방식으로 생각하거나 느끼거나 행동하지 않습니다.

이제 다음 구절에서 알 수 있듯이 직접적인 문맥은 바벨론의 왕과 백성을 가리킵니다. 그러나 하박국이 전하도록 사명을 받은 더 넓은 메시지2절에서는 살아 계신 하나님에 대한 순종과 믿음으로 살지 않는 모든 사람을 묘사한다고 할 수 있습니다. 그런 사람에게는 "그의 부풀어 오른 영혼이 그 안에 바로 서 있지 않다"저의 번역입니다라고 말합니다. 즉, 이런 사람들은 바로 서 있고, 선하며 하나님을 기쁘시게 하는 방식으로 행동하지 않습니다. 그리고 그들은 자신이 그렇지 않다는 사실조차도 신경 쓰지 않습니다. 그들은 하나님이 어떻게 생각하시는지 신경 쓰기에는 너무나도 '교만하기'puffed-up 때문입니다.

4절의 전반부를 느부갓네살과 같이 단순히 지독한 과대망상증 말기 환자를 언급하는 것만으로 봐서는 안된다는 점을 명확히 해야 합니다. 인간의 중심에는 교만과 자만심이라는 깊은 우물이 있으며, 이 우물은 타락한 모든 인간의 마음에 샘물처럼 솟아나는 수원지입니다. 이러한 곤경은 인간이 하나님의 선하심을 불신하고, 하나님의 경고를 믿지 않고, 하나님의 지시에 불순종하기로 선택했던 에덴동산으로 거슬러 올라가게 합니다. 대신에 우리는 '선과 악'을 스스로 선택하기로 결정했습니다. 그리고 우리는 도덕적 자율성이라는 교만한 확신에 사로잡혀, 하나님을 몰아내고 우리 자신을 모든 도덕적 권위로 내세우는 자기—주장의 원천으로 대체했습니다. 따라서 우리 자신의 능력에 '부풀어 오른'puffed-up 우리는 올바름을 버리고 모든 반역과 죄의 결과에 빠졌습니다.

이것이 타락한 인간 상태에 대한 진단이며, 성경의 나머지 부분에서도 이것이 인간에게 보편적이라고 말씀합니다. 그리고 이것은 4절 후반부와 극명한 대조를 이루는 어두운 배경을 형성합니다.

의인 (2:4b)

놀랍게도 이 구절의 후반부는 히브리어로 볼 때 단 세 단어로 구성되어 있지만, 그 단어들이 표현하는 의미의 층위는 매우 다채롭습니다! 히브리어의 순서대로 살펴보면, 각 구절은 히브리어 단어 하나를 번역한 것입니다.

- 그러나 의인은
- 자신의 믿음을 통해(또는 신실함을 통해)
- 살 것이다

어순에 따라 중간 단어믿음가 첫 번째 단어의인와 함께 사용되는지, 세 번째 단어살다와 함께 사용되는지에 다라서 문장의 뉘앙스가 달라질 수 있습니다. 따라서 어느 경우든 다음과 같은 일이 발생합니다.

1. 의인은 자신의 믿음으로 말미암아 살 것이다.
2. 의인은 자신의 믿음으로(또는 신실함으로) 살아야 한다.

첫 번째 문장은 바울이 로마서에서 "오직 의인은 믿음으로 말미암아 살리라"롬 1:17, 「개역개정」라고 인용했기 때문에 더 친숙하게 들릴 수 있습니다. 이 구절은 1515년 마틴 루터가 '발견'한 것으로, 이신칭의라는 위대한 종교 개혁의 교리를 이끌어 냈습니다. 그러나 잠시 후에 우리가 살펴보겠지만, 아브라함의 믿음은 첫 번째 문장의 의미를 보증하기는 해도 두 번째 문장의 의미가 하나님께서 하박국에게 이해시키려 했던 의미에 더 가깝다고 할 수 있습니다.

어느 쪽을 선택하든또는 둘 모두를 포함하든, 이 문장은 1:13-17에 나오는 하박국의 불평을 듣고서 하나님이 주시는 안심시키려는 대답이라고 결론지을 수 있습니다. 악인이 의인을 삼키고 있다고 하박국은 불평했지만, 하나님의 허락하심으로 인해 끝이 보이지 않을 만큼 수많은 악인이 그렇게 악을 행하고 있었습니다. 과연 이 일이 영원히 계속될까요? 그래서 의인은 완전히 사라지고 말까요? 그럴 수 없느니라! 라고 하나님은 말씀하십니다. 하나님은 의인이 멸망하지 않고 **살 것**이라고 말씀하십니다. 이는 시편 34:15-22과 매우 흡사하게 들립니다. 의인에게는 생명이 있고, 소망이 있으며, 미래가 있습니다. 의인은 멸망하지 않고 살 것입니다.

그렇다면 과연 그들은 누구일까요? "의인"은 대체 누구
일까요?

우리 함께 아브라함에게 물어봅시다.

아브라함에게서 우리는 의가 **하나님을 신뢰**하고 **하나
님께 순종**하는 것을 두루 겸비하는 것임을 배웁니다. 의는
추상적인 개념이나 도덕적 상태가 아닙니다. 의는 근본적
으로 우리가 하나님과 어떤 관계를 맺느냐, 그리고 하나님
의 말씀과 행하심에 어떻게 반응하느냐의 문제입니다. 하
나님께서 아브라함에게 놀라운 약속을 하신 후, 우리는 아
브라함이 (모든 역경을 딛고) 하나님의 말씀을 그대로 받아들
였다고 말합니다.

> 아브람이 주님을 믿으니, 주님께서는 아브람의 그런 믿음을
> 의로 여기셨다.
>
> (창 15:6, 『새번역』)

그래서 아브라함의 믿음은 그의 신앙을 토대로 의로움
의 **시작**이긴 했지만 끝은 아니었습니다.

아브라함은 여러 차례에 걸쳐 하나님의 명령에 순종함
으로써 자신의 믿음을 증명했습니다. 그 결과 하나님께서

는 그의 순종을 의로움으로 여겨 주셨고 약속을 주셨습니다. 아브라함이 이삭을 기꺼이 희생 제물로 바치겠다는 의지를 보이자, 하나님께서는 약속을 새롭게 하시며 결론을 내리셨습니다.

16 "주님의 말씀이다. 내가 친히 맹세한다. 네가 이렇게 너의 아들까지, 너의 외아들까지 **아끼지 않았으니**, 17 내가 반드시 너에게 큰 복을 주며, 너의 자손이 크게 불어나서, 하늘의 별처럼, 바닷가의 모래처럼 많아지게 하겠다. 너의 자손은 원수의 성을 차지할 것이다. 18 **네가** 나에게 **복종하였으니**, 세상 모든 민족이 네 자손의 덕을 입어서, 복을 받게 될 것이다."

(창 22:16-18, 『새번역』, 굵은 글씨는 저의 강조 표현입니다)

훗날 하나님께서는 이삭과의 약속을 갱신하셨을 때도 같은 논리를 반복하셨습니다.

4 "… 너의 자손이 하늘의 별처럼 많아지게 하고, 그들에게 이 땅을 다 주겠다. 이 세상 모든 민족이 네 씨의 덕을 입어서, 복을 받게 하겠다. 5 이것은, **아브라함이 나의 말에 순종**

하고, 나의 명령과 나의 계명과 나의 율례와 나의 법도를 잘

지켰기 때문이다."

(창 26:4-5, 『새번역』. 굵은 글씨는 저의 강조 표현입니다)

따라서 아브라함의 **믿음,** 즉 처음에 그를 하나님과 올
바른 관계를 세울 수 있도록 한 믿음은 그 후 아브라함의
순종으로 증명되었습니다. 이것은 성경 전체를 아우르는
올바른 신앙의 순서이기도 합니다. 먼저는 하나님께서 약
속하신 것을 믿고, 그 다음에는 하나님이 명령하신 것에
순종함으로써 우리의 믿음을 보여 드립니다. 이것이 바로
사도 바울이 "믿어 순종하게"롬 1:5, 16:26, 『개역개정』라고 하는 아브
라함적인 표현을 통해 모든 민족에게서 보기를 바라던 순
종입니다.

훗날 하나님께서 출애굽이라는 위대한 구속의 역사를
통해 아브라함의 후손들을 노예에서 해방시키셨을 때, 이
스라엘의 의는 하나님께서 **약속하신** 것을 믿는 것뿐만 아
니라 하나님께서 그들의 역사에서 실제로 **행하신** 일에 대
한 반응과 깊은 연관이 있습니다. 하나님의 위대한 구원
하시는 은혜의 행하심은 오직 그분 한 분만을 향한 배타적
인 믿음과 예배와 순종이라는 반응을 요구했습니다. 이 반

응은 하나님께서 아브라함에게 처음 "옳고 바른 일을 하"^창 ^{18:19, 「새번역」}게 하라고 말씀하셨던 것처럼, 주님의 길을 걷는 다는 의미입니다. 이것이 바로 '의인'의 모습입니다.

여기서 '반응'이라는 단어가 핵심입니다. 하나님의 은혜 가 가장 우선시 되어야 합니다. 우리의 순종은 항상 그 은 혜에 대한 반응이지, 은혜나 축복 또는 다른 어떤 것을 얻 기 위한 것이 아닙니다.

그러므로 아브라함은 "의인은 누구일까요?"라는 질문 에 대한 적절한 답을 제시해 줍니다.

모세에게도 물어볼까요? 출애굽 이후 하나님께서 시내 산에 이스라엘 백성들을 모으셨을 때 그들에게 하신 첫 번 째 말씀이 무엇이었는지 주목하시기 바랍니다.

3 모세가 산으로 올라가 하나님께로 가니, 주님께서 산에서 그를 불러서 말씀하셨다. "너는 야곱 가문에게 이렇게 말하 여라. 이스라엘 자손에게 이렇게 일러주어라. 4 '너희는 내가 이집트 사람에게 한 일을 보았고, 또 어미독수리가 그날개 로 새끼를 업어 나르듯이, 내가 너희를 인도하여 나에게로 데려온 것도 보았다. 5 이제 너희가 정말로 나의 말을 듣고, 내가 세워 준 언약을 지키면, 너희는 모든 민족 가운데서 나

의 보물이 될 것이다. 온 세상이 다 나의 것이다. 그러므로 너희는 내가 선택한 백성이 되고, 6 너희의 나라는 나를 섬기는 제사장 나라가 되고, 너희는 거룩한 민족이 될 것이다.' 너는 이 말을 이스라엘 자손에게 일러주어라."

(출 19:3-6, 『새번역』)

순서와 논리가 보이시나요? "너희는 **내가** … 한 일을 보았고 … 이제 **너희가** 정말로 나의 말을 듣고 … 너희는 … 될 것이다." 하나님의 구원하시는 은혜가 먼저이고, 그런 후에 반응하는 순종이 요구되며, 그 다음에는 세상 안에서의 정체성, 역할, 사명이 부여됩니다.

이 짧은 하나님의 말씀에서 의는 언급되지 않았지만, 분명히 암시되어 있습니다. 이것이 바로 하나님께서 당신의 백성을 대신하여 이집트에 대해 정의를 행하심으로써 **하나님의 백성을 의롭게 하신** 방법이며, 이제 이스라엘이 "거룩한 민족"으로서 세상 속에서 **의롭게 살기를** 기대하시는 방법입니다.

이것이 바로 모세가 부모들을 향해 그들의 자녀들에게 전하라고 가르친 그 방법, 즉 자신들 민족의 서사시 전체가 의미하는 바입니다. 이들의 이야기 속으로 들어가 봅시다.

20 "… 나중에 당신들의 자녀가, 주 당신들의 하나님이 당신
들에게 명하신 훈령과 규례와 법도가 무엇이냐고 당신들에
게 묻거든, 21 당신들은 자녀에게 이렇게 일러주십시오. '옛
적에 우리는 이집트에서 바로의 노예로 있었으나, 주님께
서 강한 손으로 우리를 이집트에서 이끌어 내셨다. 22 그 때
에 주님께서는 우리가 보는 데서, 놀라운 기적과 기이한 일
로 이집트의 바로와 그의 온 집안을 치셨다. 23 주님께서는
우리를 거기에서 이끌어 내시고, 우리의 조상에게 맹세하신
대로, 이 땅으로 우리를 데려오시고, 이 땅을 우리에게 주셨
다. 24 주님께서 우리에게 이 모든 규례를 명하여 지키게 하
시고, 주 우리의 하나님을 경외하게 하셨다. 우리가 그렇게
만 하면, 오늘처럼 주님께서 언제나 우리를 지키시고, 우리
가 잘 살게 하여 주실 것이다. 25 우리가 주 우리의 하나님
앞에서, 그가 우리에게 명하신 대로 이 모든 명령을 충실하
게 지키면, **그것이 우리의 의로움이 될 것이다.**'"

(신 6:20-25, 『새번역』. 굵은 글씨는 저의 강조 표현입니다)

이 마지막 구절을 문자 그대로 받아들여 소위 '행위로

말미암은 의'를 뜻하는 의미로 해석하지 않는 것이 매우 중요합니다. 모세는 지금 이스라엘 백성이 율법에 순종함으로써 의를 얻거나 그것을 받을 자격이 주어진다고 말하는 것이 **아닙니다**. 안타깝게도 많은 사람들이 구약성경 전체를 볼 때 이 근본적인 오해를 갖고 읽습니다. 하지만 문맥과 대화가 진행되는 방식을 보시기 바랍니다. 아들이 "아빠, 우리가 지키고 있는 이 율법이 다 뭐예요?"라고 묻습니다. (이 질문은 "요점이 뭐예요? 또는 목적이 뭐예요? 혹은 근거가 뭐예요?" 와 같은 의미일 수 있습니다). 그러면 아버지는 야웨와 그분의 사랑에 대한 옛날 옛적 이야기인 구약성경의 복음 이야기, 즉 **구속** 이야기를 아들에게 들려줌으로써 **율법**의 의미와 목적에 대한 질문에 답하려고 합니다. "하나님께서 우리를 위해 행하신 일 때문에 우리는 그분께 순종하는 것으로 반응해야 한단다, 그렇지 않니, 아들아?"라고 말입니다.

● 하나님은 우리를 노예의 삶에서 건져 주셨고, 그것이 바로 **하나님의** 의우리를 위해 모든 것을 정의로 올바르게 세우시려 행동하시는 하나님입니다.

● 그래서 우리는 그분을 사랑하고신 6:5 그분께 순종함으로

써 우리의 사랑을 증명합니다. 이것이 바로 **우리의** 의^{하나}
<small>님의 구원하시는 사랑에 대한 우리의 올바른 반응</small>**입니다.**

그렇다면 다시 질문으로 돌아가서, 의인은 누구일까요?
이스라엘의 이야기와 성경과 노래에 푹 빠져 있는 하박
국에게 있어서 의인이란 야웨 하나님의 약속을 믿고, 이스
라엘 백성의 역사<small>특히 출애굽</small>에서 그분의 구속하신 행동을 감
사함으로 기억하며, 오직 야웨만을 예배하기로 약속하고,
언약적 사랑과 순종으로 그분의 길을 걷고자 노력하는 사
람들입니다. 의인은 이런 길이 하나님께서 축복하시는 영
역 안에 머무르는 길임을 아는 사람들입니다. 또한 죽음이
닥쳐오더라도 그 길이 생명의 길임을 아는 사람들입니다.
그리고 의인은 불안, 궁핍, 반대, 고통 속에서도 하나님께
서 약속하신 미래를 소망하며 **믿음과 순종으로 계속하여
살아가는** 사람들입니다. 이런 사람이 바로 시편에서 줄곧
말하는 믿음에 기초한 의입니다. 또한 욥기에서 그토록 혹
독한 시험을 받게 했던 의로움입니다. 그리고 후일에 누
가가 스가랴와 엘리사벳<small>눅 1:6</small>과 시므온<small>눅 2:25</small>, 심지어 이방인
고넬료<small>행 10장</small>에게서 보았던 성경적인 '하나님 앞에서의 의로
움'이 바로 이런 종류의 의입니다.

이 세 히브리어 단어의 풍부한 문체에는 또 다른 독특한 특징이 하나 더 있습니다. "그들의 믿음으로"라는 중간 단어는 '믿음'과 '신실함'으로 번역될 수 있는 **에무나**'emunah 라는 단어입니다. 이 단어는 **신뢰하는 것**과 **믿을만한 행동**을 모두 의미합니다. 그러므로 우리가 하나님과 맺는 관계에서 이 단어는 하나님을 믿는 것뿐만 아니라 하나님께 신실한 것 모두를 포함합니다. 하나님을 신뢰하는 사람은 하나님께 대하여 신실하게 행동함으로써 자신의 믿음을 실천합니다. 이러한 실천에는 다른 모든 신들을 숭배하기를 거부하고 주님의 말씀과 뜻에 순종함으로 주님의 길로만 걷겠다는 의지도 포함됩니다.

하박국 2:4의 후반부는 이 세 단어만으로 깊은 의미와 울림을 불러일으켜 더 넓은 의미로 확장시키도록 이끌기도 합니다. 아마도 우리는 다음과 같이 확장시킬 수 있을 것입니다.

하나님의 말씀을 믿고 그분의 구원하시는 사역에 믿음으로 반응함으로써 하나님과 올바른 관계에 있는 사람은 하나님으로부터 참된 생명을 얻게 됩니다. 그리고 그 사람은 현재와 미래에도 하나님을 계속 신뢰하고 역경 속에서도 하나님께 신실함으로써 믿음으로 계속 살아가야 합니다.

"의인은 그의 믿음으로 살리라"

이 히브리어 단어 세 개에 담긴 신학. 목회적 의미와 도전과 확신이 얼마나 큰지요!

하박국은 의인, 즉 자신과 함께하는 동포 가운데 그 숫자가 많든 적든 자신의 주변에서 벌어지는 모든 일에도 불구하고 여전히 하나님을 신뢰하고 그분께 신실하고자 하는 사람들 중에서 부름을 받고 있습니다. 그리고 하박국은 하나님께서 곧 닥쳐올 끔찍한 전망에 대해 알려 주실 때에도 **하나님을 계속 신뢰하라**고 하는 도전을 받고 있습니다. 하박국은 자신의 시대에 벌어진 당혹스러운 사건들을 포함하여, 역사를 주권적으로 통치하시는 하나님을 믿으며 계속해서 살아가라는 부름을 받습니다. 하박국은 자신이 도저히 이해할 수 없는 이 세상을 믿음으로 계속 살아가야 합니다.

그리고 하박국 2:4은 우리에게도 동일하게 의롭고 신실한 삶을 살도록 요청하고 있습니다.

실제로 하나님께서 하박국에게 하신 이 말씀을 우리가 속한 현재 위치에서 하나님의 이야기로서 읽어 보면, 우리는 더 큰 믿음의 기반을 다지게 될 것입니다. 왜냐하면 우리는 하박국의 하나님을 머지않아 때가 이르렀을 때, 이 잔인한 세상에 개입하실 하나님으로 믿어 왔기 때문입니다. 하나님은 바빌로니아보다 더 악한 종교적 증오와 제국의 잔인함을 통해 인간과 사탄의 악이 가져올 수 있는 최악의 상황을 친히 감당하실 것입니다. 하나님께서는 그분의 아들의 인격 안에서 그러한 악의 총체적인 무게를 감당하실 것입니다. 그리고 예수 그리스도의 죽음과 부활을 통해 하나님은 악과 죄와 사탄을 물리치고 죽음 자체를 이기실 것입니다. **이러한** 하나님 아들의 십자가와 부활은 하박국의 질문과 우리의 질문에 대한 하나님의 결정적인 응답이 될 것입니다. 하나님은 그리스도 안에서 세상, 심지어 우리가 미처 다 이해하지도 못하는 세상까지 자신과 화목하게 하셨습니다고후 5:19 참조.

하나님께서 그리스도 안에서 이 모든 것을 행하셨기 때문에, 우리 또한 이 진리를 알고 그를 믿는 사람으로 살아가도록 부름을 받았습니다. 우리가 하나님을 신뢰할 때, 우리는 그분과 올바른 관계에 있을 뿐만 아니라, 현재부터 영원토록 유효한 그분의 약속 안에서 안전하다는 것을 알게 됩니다.

그러나 그보다 더 중요한 것은 우리가 "세상을 심판하시는 분"창 18:25, 「새번역」이자 궁극적으로 철회할 수 없는 "정의를 행하실"창 18:25, 「개역개정」 하나님을 신뢰한다는 사실입니다. 우리는 우리가 현재 어떤 처지에 놓여 있는지 알고 있으며, 그리스도께서 모든 것을 바로잡기 위해 다시 오실 때 역사의 결말이 어떻게 끝날지 알고 있습니다.

우리는 여전히 하박국이 관찰한 모든 문제, 아니 그보다 더 심각한 문제까지 포함하고 있는, 이해할 수 없고 미칠 듯이 고통스러운 세상을 살고 있습니다. 그런데 하박국처럼 우리도 믿음으로 살아가도록 부름을 받았습니다. 이는 우리가 하나님의 은혜로 그분 앞에서 구원받고 의롭다고 여김받은 우리의 **처음 믿음의 행위**일 뿐만 아니라 살아 계신 하나님을 믿는 우리의 **지속되는 일상에서의 믿음 모두**를 의미합니다. 우리는 당황스럽고 고통스러운 일들 가운데서 고군분투하는 동안에도 하나님께서는 그분의 주권적인 목적을 이루시고 계심을 확신하고 신뢰하며 살아가는 사람들입니다. 우리는 "바다에 물이 가득하듯이, 주의 영광을 아는 지식이 땅 위에 가득할"2:14, 「새번역」 날이 올 것이라는 분명하고도 확고한 소망으로 살아가는 사람들입니다.

1. 오늘날 세상에 어떤 사람들(또는 특정한 사람들)을 하박국이 묘사하는 방식으로 "부풀어 오른" 사람이라고 설명할 수 있을까요? 하나님께서는 이들을 하박국 시대의 사람들과 다르게 보실까요?

2. 이 장에서 다룬 구약성경의 성경적 맥락에서 "의인"에 관한 분석이 오늘날 여러분이 생각하는 의인의 기준과 일치합니까? 하박국서의 성경 구절들에 비추어 "의로움"이란 무엇을 의미하는지 정의할 때 여러분은 생각의 기준을 어떻게 조정해야 할까요?

3. 이 장에서 논의한 하박국 2:4의 유명한 말씀을 바울은 로마서 1:17에서 인용했습니다. 그렇다면 하박국의 이 구절이 로마서 구절에 대한 여러분의 해석을 어떻게 수정하거나 풍성하게 또는 더 구체화시켰습니까?

제4장

하나님의 심판을 선포하다:

사회악의 다섯 가지 특징

하박국은 바빌로니아가 악한 제국이라고 하나님께 항의했습니다[1:13-17]. 그리고 하나님도 이에 동의하셨습니다! 정말로 그들은 악합니다! 하박국 2:5이 이를 정확히 표현하고 있습니다.

> 그는 술을 즐기며
>
> 거짓되고 교만하여 가만히 있지 아니하고
>
> 스올처럼 자기의 욕심을 넓히며
>
> 또 그는 사망 같아서 족한 줄을 모르고
>
> 자기에게로 여러 나라를 모으며
>
> 여러 백성을 모으나니 (『개역개정』)

5절과 이 장의 나머지 부분에서 "그"와 "너는(네가)"은 다른 곳에서 살펴본 것과 같이 바벨론의 왕 느부갓네살을 가리킵니다. 또는 하박국 시대에 급부상하고 있던 바빌로니아 제국 전체를 의인화한 것일 수도 있습니다. 바빌로니아 사람들은 권력에 취해 교만하고 탐욕스러우며 만족을 모르는 사람들입니다. 그들은 무엇을 집어 삼킬까요? **모든 나라**5b절, 『새번역』입니다. 제국을 세운 대가는 항상 수많은 사람들을 제국의 노예가 되도록 만들고 가난에 시달리게 만듭니다. 이는 지정학적 관점에서 생각하든, 거대한 다국적 상업 '제국'의 관점에서 생각하든 오늘날에도 마찬가지입니다.

네. 그렇습니다. 하나님도 이미 아셨듯이 바빌로니아 사람들은 악합니다. 그러나 바로 이런 이유로 하나님께서는 이제 바벨론을 자기 백성에 대한 심판의 도구로 (느부갓네살이 곧 예루살렘을 공격하고 백성들을 유배로 데려갈 것이기 때문에) 사용하실 뿐만 아니라 후에 **바벨론 역시도 심판하실 것**이라고 설명하십니다. 이것이 바로 "화 있을진저(혹은 너는 망한다!)"라는 화 외침의 용어가 다섯 번이나 반복되는 2장의 나머지 부분에서 읽게 되는 내용입니다. 하나님의 심판의 대리자인 바벨론도 하나님의 심판 대상으로서 사선에 서 있습니다.

대리자가 표적이 되다

여기서 하박국의 메시지는 동시대 예레미야가 바빌로니아 군대에 의해 예루살렘이 포위되고 멸망한 격동의 10년 동안기원전 597-587년 백성들이 자신들의 상황을 올바르게 깨달을 수 있도록 전했던 메시지와 일치합니다. 예레미야도 하박국과 같은 관점을 가지고 있었습니다. 하나님은 바벨론을 심판의 **대리자**로 사용하셨지만, 하나님은 바벨론도 마땅히 심판의 **표적**으로 삼으실 것입니다.

예레미야가 외교 서신을 통해 바벨론 포로민에게 보낸 두 개의 문서를 보면 이러한 일련의 사건에 대한 이해를 확인할 수 있습니다. 첫 번째는 포로민들에게 보낸 편지렘 29장이고, 두 번째는 바벨론을 향한 위협의 말이 담긴 두루마리렘 50-51장입니다. 이 두 문서를 살펴보면 하박국이 어떤 인식을 가지고 있는지 파악하는 데 도움이 될 것입니다.

포로민에게 전하는 예레미야의 편지

첫째로, 다음은 이 편지가 어떻게 시작하는지를 보여 줍니다.

1 이것은 예언자 예레미야가 예루살렘에서 보낸 편지로서, 포로로 잡혀 간 장로들 가운데서 살아 남은 사람들을 비롯하여, 느부갓네살이 예루살렘에서 바빌로니아로 잡아간 제사장들과 예언자들과 온 백성에게 보낸 것이다. 2 이 때는 여고냐 왕과 그의 어머니와 내시들과 유다와 예루살렘의 고관들과 기술자들과 대장장이들이 예루살렘에서 떠난 뒤이다. 3 이 편지는, 유다 왕 시드기야가 바빌로니아 왕 느부갓네살에게 보낸 사반의 아들 엘리사와 힐기야의 아들 그마랴를 시켜 바빌로니아로 전달하였다. 다음은 편지의 내용이다. 4 "나 만군의 주, 이스라엘의 하나님이 말한다. 내가 예루살렘에서 바빌로니아로 잡혀 가게 한 모든 포로에게 말한다…"(렘 29:1-4, 『새번역』)

1절에서 일어난 사건에 대한 화자의 묘사 "느부갓네살이… 잡아간… 백성"와 4절에서 하나님의 묘사 "내가 잡혀가게 한 모든 포로". 굵은 글씨는 저의 강조 표현입니다 사이의 차이가 보이십니까? 어느 것이 사실일까요? 물론 둘 다 맞습니다.

느부갓네살과 군대는 땅 위에서 온갖 악행을 저질렀습니다. 그러나 느부갓네살의 몽둥이 뒤에는 하나님의 손이 있었습니다. **하나님께서는** 느부갓네살을 도구로 삼아 자신의 백성을 심판하기 위해 유배를 보내셨던 것입니다. 따라서 하나님의 백성은 자신들이 겪고 있는 유배 등 모든 상황이 하나님의 주권적 통제 아래 있다는 사실을 받아들여야 했습니다. 포로민들은 현재 머무는 곳에 정착하여 오랜 기간^{적어도 두 세대 이상} 거주할 준비를 해야 했습니다.

예레미야 29:1-14에 나오는 편지의 나머지 부분을 읽어 보시고, 하나님께서 유배 기간 동안 자신의 백성에게 무엇을 하기 원하셨는지 (특히 7절의 놀라운 내용을) 알아보시기 바랍니다. 이 편지의 요점은 이러합니다. **바벨론**이 무슨 짓을 하건 모든 것은 **이스라엘의 하나님 야웨**의 명령과 통치하에 행해진 일이라는 사실입니다. 그리고 이스라엘이 유린당하고 유배로 끌려갔다는 사실이 충격적이고 이해하기 어렵더라도, 이것이 바로 하나님께서 하박국이 이해하기를 원하셨던 교훈 중 첫 번째 부분입니다. 바벨론은 단순히 하나님의 심판의 대리자였습니다.

마치 한 세기 전에 이사야가 아시리아인을 묘사할 때 사용했던 그림 이미지^{사 10:5}처럼 바빌로니아 사람도 하나님께서 자기 백성을 심판하기 위해 휘두르시는 막대기, 즉 하나님의 손에 쥐어진 막대기에 불과합니다. 물론 이것이 끔찍한 이미지임은 분명하지만, 한 가지 위안이 되는 것은 막대기는 그것을 휘두르는 분의 의도와 통제하에 있다는 점입니다_{사 10:15}. 하나님은 이만하면 충분하다고 생각되는 때를 정하시는 분입니다.

바벨론에 대한 예레미야의 위협의 말

둘째로, 위협의 말이 담긴 긴 두루마리_{렘 50–51장. 전체를 차지하는} _{긴 두루마리}가 시작됩니다.

1 이것은 바빌로니아 사람의 땅 곧 바빌론 도성을 두고, 주
   님께서 예언자 예레미야를 시켜서 선포하신 말씀이다.
2 "너희는 세계 만민에게 이 소식을 선포하고 이 소식을 전
   하여라.
   봉화불을 올려서 이 소식을 전하여라.
   숨기지 말고 전하여라.
   '바빌론이 함락되었다.
   벨 신이 수치를 당하였다.
   마르둑 신이 공포에 떤다.
   바빌론의 신상들이 수치를 당하고,
   우상들이 공포에 떤다.'

3 북녘에서 한 민족이 침략하여 왔으니,

바빌로니아를 쳐서 그 땅을 황무지로 만들 것이니,

거기에는 사는 사람이 아무도 없을 것이다.

사람과 짐승이 사라질 것이다."

(렘 50:1-3, 『새번역』)

여러분에게 시간과 여유가 있다면 예레미야서의 나머지 두 장도 모두 읽어 보시기 바랍니다. 하나님께서 바벨론의 교만, 폭력, 탐욕을 보시고 심판을 내리시리라는 점은 너무나도 분명한 사실입니다. 바벨론은 유프라테스 강의 돌처럼 가라앉을 것입니다. (예레미야나 바룩이 사본을 따로 보관하고 있었겠지만) 위협의 말을 담은 두루마리를 상징적으로 강에 빠뜨리는 장면이 바로 이 이야기의 결말입니다.

59 이것은 마세야의 손자요 네리야의 아들인 스라야가 유다 왕 시드기야 제 사년에 왕과 함께 바빌로니아로 갈 때에, 예언자 예레미야가 스라야에게 명령한 말이다. 스라야는 왕의 수석 보좌관이었다. 60 예레미야는, 바빌로니아에 내릴 모든 재앙 곧 바빌로니아를 두고 선포한 이 모든 말씀을, 한 권의 책으로 기록하였다. 61 그리고 예레미야가 스라야에게 말하

였다. "수석 보좌관께서 바빌론 도성으로 가거든, 이 말씀을 반드시 다 읽고 62 '주님, 주님께서 친히 이 곳을 두고 말씀하시기를, 이 곳에는 아무것도 살 수 없도록 멸망시켜서, 사람도 짐승도 살 수 없는, 영원한 폐허로 만들겠다고 하셨습니다' 하고 기도하십시오. 63 수석 보좌관께서 이 책을 다 읽은 다음에는, 책에 돌을 하나 매달아서, 유프라테스 강 물에 던지십시오. 64 그런 다음에 '주님께서 이 곳에 내리는 재앙 때문에 바빌로니아도 이렇게 가라앉아, 다시는 떠오르지 못하고 쇠퇴할 것이다' 하고 말하십시오." 여기까지가 예레미야의 말이다. (렘 51:59~64, 『새번역』)

이제 요점이 더욱 명확해진 것 같습니다. 하나님께서 바빌로니아 사람을 유다에 대한 심판의 도구로 사용하신다는 사실이 바벨론의 악함까지도 눈감아 주셨다는 것을 의미하지는 않습니다. 오히려 그와 반대로, 하나님은 바벨론을 포함한 모든 죄악과 죄인을 일관되게 처리하실 것입니다.

하나님께서는 이스라엘 사람들과 구약성경을 읽는 우리에게 이 메시지가 오해없이 분명하게 전달되기를 원하셨던 것 같습니다. 이사야도 이와 동일한 메시지를 전했습니다. 이사야서에서 바벨론에 대한 하나님의 심판을 선포하는 이사야의 내용을 같이 읽어 봅시다.

5 "딸 바빌로니아야,

잠잠히 앉아 있다가 어둠 속으로 사라져라.

사람들이 이제부터는 너를

민족들의 여왕이라고 부르지 않을 것이다.

6 전에 내가 나의 백성에게 진노하여,

나의 소유, 나의 백성이 곤욕을 치르게 하고,

그들을 네 손에 넘겼다.

그런데 네가 나의 백성을 가엾게 여기지 아니하고,

노인에게도 무거운 멍에를 메웠다.

7 너는 언제까지나 네가 여왕으로 군림할 것이라고 믿고,

이런 일들을 네 마음에 두지도 않았으며,

이후에 일어날 일은 생각조차 하지 않았다…"

(사 47:5-7, 『새번역』)

하나님께서는 이스라엘을 징계하기 위해 바빌로니아 사람을 사용하셨지만, 그들 역시 과도한 폭력과 잔인함이 그 수위를 넘어섰기 때문에 그 악함으로 인해 멸망하고 말

것입니다.

따라서 하나님의 심판 대리자는 이제 하나님의 심판 대상이 됩니다.

다시 하박국서로 돌아가 봅시다. 하나님께서는 바벨론의 악행이 그들에게 되돌아갈 것이라고 말씀하십니다. 그들은 뿌린 대로 거둘 것입니다. 전세가 역전될 것입니다. 그리고 자신들이 억압하고 착취했던 사람들은 일어나 그들을 조롱할 것입니다.

> 정복당한 자 모두가 빈정대는 노래를 지어서 정복자를 비웃으며, 비웃는 시를 지어서 정복자를 욕하지 않겠느냐?
>
> (2:6a, 『새번역』)

그리고 이러한 전망 속에서 이 장의 나머지 부분을 채우는 다섯 가지 화 외침 중 첫 번째 화 외침이 소개됩니다. 이 외침은 6, 9, 12, 15, 19절에서 보실 수 있습니다.

이 **화 있을진저**(또는 너는 망한다)라는 단어는 단순히 개인적인 탄원(예를 들어, "나는 망하였도다!")을 표현하는 단어가 아닙니다. 이것은 심판의 선포를 의미합니다. 악에 대한 하나님의 저주와 그 결과를 선포하는 것입니다. 하나님의 도덕적 질서가 침해되었기 때문에, 이제 이 하나님의 도덕적 질서가 '반인륜적 범죄'를 저지른 사람들에게 다시 '반격'하여 그들을 '물어뜯을' 것입니다.

우리가 이 다섯 가지 화 외침을 살펴보기 전에, 먼저 성경이 하나님의 심판이라고 부르는 이 실상에 대해 간단히 생각해 보겠습니다.

심판의 확실성

하나님의 심판은 적어도 두 가지 측면에서 확실성을 지니고 있습니다.

첫째, 심판은 **예언적** 확실성입니다. 하나님께서는 거짓말을 하지 않으시는 하나님 그분의 성품으로 선포하고 경고하시기 때문에 그 권위가 인정되고 보증됩니다[3절]. 하나님께서 말씀하셨기 때문에 심판은 임할 것이며, 하나님의 말씀은 신뢰할 수 있습니다.

그러나 둘째, 심판은 **도덕적** 확실성입니다. 하나님이 진정 모든 피조물의 의롭고 거룩하신 하나님이라면 죄와 악을 처리하셔야 합니다. 그렇다고 해서 하나님께서 외부의 어떤 도덕적 기준을 따라야 할 의무가 있다는 뜻은 아닙니다. 하나님 그분**께서** 모든 진리, 선, 정의의 궁극적인 표준이 되십니다. 이것이 지극히 거룩하신 하나님의 본질입니다. 그러므로 간단히 말해서 하나님은 영원히 악과 공존하실 수 없습니다. 하나님께서 당신의 성품에 충실하기 위해서는 궁극적으로 회개하지 않는 악인들도 처리하셔야 합니다. 그저 야웨께서 바로 그런 하나님이시기 때문입니다. 하나님은 우주의 유일무이하고 지존하신 도덕적 심판자이십니다. 아브라함이 믿었던 것처럼 온 땅의 하나님은 정의를 행하실 것입니다^{창 18:25}.

하나님 심판의 확실성에 대한 이러한 진리를 이해하셨다면, 이 모든 것이 **복음의 일부분**이라는 것을 더 깊이 이해할 필요가 있습니다. 악이 최후의 승리를 거두지 못한다는 것은 참으로 **좋은 소식**입니다. 우리가 말하는 것처럼 악인은 영원히 죄악을 '모면할' 수 없습니다. 하나님의 때에 하나님의 정의가 이루어질 것입니다. 인간의 정의는 (여전히 중요하고 필요하지만) 부분적이고 잠정적이며 불완전한 반면, 하나님은 모든 것을 바로잡으실 것입니다.

하박국서와 성경 전체의 메시지가 전하는 하나님의 심판에 관한 부분에 대해 우리는 어떻게 반응해야 할까요? 저는 성경이 우리에게 몇 가지 적합한 반응을 제시한다고 생각합니다.

성경이 악인의 최후 멸망에 관하여 **공포와 두려움**의 관점에서 이야기하고 있다는 것은 의심할 여지가 없습니다. 앞으로 하박국 3장에서 살펴볼 것처럼 하박국은 두려움에 전율하고 떨었습니다. 우리는 그리스도 안에 있는 하나님의 은혜로만 이 끔찍한 운명을 피할 수 있다는 사실을 기억해야 합니다.

심판은 우리를 통곡하게 만들기도 합니다. 예레미야가 백성에게 내려질 끔찍한 형벌을 예견하며 흘린 눈물은 하나님 당신의 눈물이기도 했습니다렘 8:21-9:3에서는 화자가 예레미야인지 하나님인지, 아니면 둘 다인지 알기 어려울 정도로 그 눈물이 뒤섞여 있습니다. 예레미야 48장에 나오는 슬픔과 눈물은 분명히 하나님의 것이며, 당신이 내린 심판으로 인해 고통받고 있는 모압을 위한 것입니다렘 48:31-32, 36절. 에스겔은 하나님께서 악인의 죽음을 기뻐하지 않으시며 오히려 그들이 회개하여 살기를 원하신다고 주장합니다겔 33:11. 그리고 예레미야애가 3:33은 하나님께서 불가피하게 징벌의 고통을 내리시려 할 때 조차도 그 징벌은 "그분의 본심이 아니다"새번역라고 말합니다NIV는 히브리어 원문을 직역하여 "의도적인 것이 아니다"(not willingly)로 번역합니다. 하나님의 마음에 슬픔을 가져다주는 것은 우리의 마음에도 슬픔을 가져다줄 것입니다.

그러나 역설적이게도 하나님께서 당신의 의로우심으로 이 땅을 심판하러 오실 것이라는 확신은 궁극적으로 모든 피조물에게 **안도감**과 진정한 **기쁨**을 가져다줍니다. 시편 96편과 98편은 하나님께서 이 땅을 심판하러 오실 때 우주를 바로잡음, 즉 만물을 바로 세우는 일이 있을 것이라고 기뻐하며 모든 피조물의 울려 퍼지는 노래로 마무리합니다. 악과 죄는 최후의 승리를 거두지 못할 것입니다. 요한계시록 18장에서 하나님께서 그토록 오랫동안 기다려 오신 '바벨론'의 무너짐즉, 하나님께 대항하여 억압적이고 파괴적으로 반역해 온 모든 세상에 대한 최종적이고 돌이킬 수 없는 심판으로 인해 19장에서 네 번의 힘찬 할렐루야가 울려 퍼집니다. 모든 불의에 대한 하나님의 정의로운 심판은 좋은 소식이며, 복음의 일부분입니다.

마지막으로, 우리는 그리스도의 십자가를 통해서만 우리 자신이 하나님과 바른 관계를 맺을 수 있다는 것을 알기 때문에 무조건적인 **감사**를 표현해야 합니다. 하나님께서는 그리스도를 통해 우리가 마땅히 받아야 할 심판을 스스로 짊어지셨기 때문에, 우리는 현재와 마지막 날에 그리스도의 의로우심으로 옷을 입고 하나님 앞에 설 수 있습니다.

이러한 관점을 염두에 두고 이제 하박국이 선포한 화

외침을 살펴보겠습니다.

다섯 가지 화 외침

하박국 2:6-20은 바빌로니아 제국을 묘사하는 다섯 가지로 묘사하는데, 매우 적대적으로 묘사하고 있습니다. "화 있을진저…(또는 너는 망한다!)" ^{굵은 글씨는 저의 강조 표현입니다}에서 '너'는 앞서 말씀드렸듯이 거의 확실하게 바벨론의 왕과 바벨론 제국 자체를 대표하여 가리킵니다.

아시는 바대로, 이러한 화 외침^{즉, 바벨론에 대한 하나님 심판의 실행}은 그 시대의 **역사 안에서** 실현되었습니다. 느부갓네살이 세운 바빌로니아 제국은 약 70년 동안 지속되다가 훨씬 더 크고 오래 지속될 페르시아 제국에 의해 패배하고, 대체되었습니다. 사실 세계사적으로 볼 때 신바빌로니아 제국은 아주 잠시 사람들을 놀라게 하고 눈부시게 번쩍이다가 곧이어 어둠의 저편으로 사라지고 만, 일종의 불꽃놀이 폭죽 같은 찰나에 불과합니다.

만약 당신이 다니엘과 친구들처럼 유다에서 포로로 끌려온 사람 중 한 명으로서 제국 한복판에 살고 있었다면, 바벨론의 침략이 결코 가볍게 느껴지지 않았을 것입니다.

그러나 그때도 다니엘은 바벨론이 계속되는 인간 제국 중 하나일 뿐이며, 모든 제국은 궁극적으로 하나님이 주관하시는 돌과 인자 같은 이의 권위 앞에 무너지리라는 것을 알았습니다. 제국은 세워지고 또 무너지지만 하나님의 나라는 영원합니다. 다니엘은 느부갓네살이 꾸었던 꿈의 신상단 2장과 바다에서 나온 짐승을 보았던 다니엘 자신의 환상단 7장을 이렇게 이해했습니다. 하늘이 통치하고 하나님은 역사 가운데 심판을 행하실 것입니다. 그리스도의 재림 때까지 역사의 흐름 속에서 하나님의 심판하심은 끊임없이 일어나는 사건입니다.

따라서 하박국 2장을 읽을 때 우리는 '최후의 심판'에 대해 읽고 있는 것이 아니라, 오히려 역사의 수없는 밀물과 썰물 가운데에서 하나님께서 가하시는 잠정적이고 부분적인 '정화'의 과정 중 하나를 읽고 있다는 사실을 염두에 두어야 합니다. 하나님께서는 한 왕, 한 국가, 한 제국을 무너뜨리시고 다른 왕, 다른 국가, 다른 제국을 일으켜 세우십니다. 바벨론은 그 위대한 역사적 태피스트리여러 가지 색실로 그림을 짜 넣은 직물로써 주로 벽걸이나 가리개 따위의 실내 장식품으로 쓰입니다—옮긴이의 여러 장면 중 한 장면일 뿐입니다.

하지만 다음을 기억하시기 바랍니다. 하나님은 하박국

에게 다른 사람들이 들을 수 있도록 당신의 메시지를 기록하라고 말씀하셨고[2절], 실제로 이 메시지는 "온 땅"[20절. 또한 14절 참조]을 향해 던지는 함축적인 메시지를 담고 있습니다. 따라서 우리는 여기서 읽은 내용을 기원전 6세기의 바벨론을 넘어서, 그 이후의 모든 시대와 모든 제국으로 확장시켜 해석함이 마땅합니다. 우리는 **바빌로니아** 제국의 죄악으로 가득 찬 마음을 하나님께서 보고 계셨던 것을 읽고, 이 말씀을 렌즈로 사용하여 **오늘날 세계 전역**에서 동일한 죄악을 저지르는 사람들과 국가들의 마음 역시 하나님께서 보고 계신다는 것을 알 수 있습니다.

결국 하박국이 정죄하는 다섯 가지 악은 바벨론이 멸망한 후에도 사라지지 않았습니다. 이는 역사를 통틀어 인간 권력, 정부, 제국, 폭정이 지닌 수많은 악 중에서 아주 특징적이고 단편적인 모습에 불과합니다. 이런 악은 요한계시록의 '바벨론'에서 종말론적 절정에 이릅니다. 그리고 우리는 이러한 악이 오늘날 전 세계 제국들 가운데에서 정치, 경제, 문화 등 어떤 형태로든 존재하고 있음을 너무나도 분명하게 목격하고 있습니다.

1. 약탈로 쌓은 부 (2:6-8)

6 그들이 너를 보고

'남의 것을 긁어 모아 네 것을 삼은 자야, 너는 망한다!'

할 것이다.

빼앗은 것으로 부자가 된 자야, 네가 언제까지 그럴 것이냐?

7 빚쟁이들이 갑자기 들이닥치지 않겠느냐?

그들이 잠에서 깨어서, 너를 괴롭히지 않겠느냐?

네가 그들에게 털리지 않겠느냐?

8 네가 수많은 민족을 털었으니,

살아 남은 모든 민족에게 이제는 네가 털릴 차례다.

네가 사람들을 피 흘려 죽게 하고,

땅과 성읍과 그 안에 사는 주민에게 폭력을 휘두른 탓이다.

(2:6-8, 『새번역』)

바벨론은 정복으로 세운 다른 모든 제국^{대영 제국도 해당됩니다}과 마찬가지로 다른 나라의 부를 훔쳐서 자신들의 제국을 아주 부유하고 호화롭게 만들었습니다. 느부갓네살은 바벨론을 크게 번영시켰고, 그 유명한 공중정원이 고대 세계 7대 불가사의 중 하나가 되기도 했습니다. 그리고 그러한 악습은 끊임없이 지속되었습니다.

스페인과 포르투갈은 지금은 서유럽 국가 중 가장 가난한 국가로 꼽히지만, 기원후 15세기와 16세기에만 해도 무역과 정복, 특히 남미와 중미 대륙의 은과 금을 끌어모아 그것을 기반으로 하여 막대한 부를 축적했습니다.

아프리카 노예 무역은 17세기와 18세기에 걸쳐 자행되었고, 영국, 미국, 브라질은 아프리카에서 막대한 양의 노동력을 착취해 자신들의 부를 늘리는 데 무자비하게 이용했습니다. 그리고 아랍 노예 무역은 앞선 대서양 노예 무역이 끝난 후에도 지속되었습니다.

18세기와 19세기의 식민지 확장 정책은 인도, 극동, 아프리카의 막대한 자원이 영국, 프랑스, 벨기에 등 당시 산업화를 추진하던 유럽 국가들로 흘러 들어가게 했습니다.

오늘날 일부 사람들에게 부를 가져다주고 있는 것은 제국주의적 식민주의가 아닌 다국적 자본주의와 천문학적인 부를 축적하고자 하는 개인의 탐욕이며, 이들은 대개 어떠한 책임 의식도 느끼지 않고 있습니다. 2008년 국제 금융 위기 이후 일부 약탈형 은행은 경제적 어려움을 겪고 있던 중소기업들에게 부당한 대우를 하고, 그것을 토대로 계속해서 부를 늘려 나갔습니다. 소련과 러시아 경제가 붕괴

되면서 소위 '올리가르히'^{1991년 소련이 붕괴된 뒤 부와 권력을 얻은 신흥 재벌과 관료들을 지칭하는 용어입니다—옮긴이}라는 사람들이 등장했는데, 이들은 옛 러시아 경제의 모든 영역에서 (때로는 문자 그대로) 살인을 저질렀고 런던에서 수십억 달러를 세탁하여 살고 있는 반면, (현재 제가 살고 있는) 이 도시의 가난한 사람들은 주택 공급난으로 살 집이 부족하고 주거지가 있다고 해도 살기에 적합하지 않으며 안전하지도 않아서 여전히 어려움을 겪고 있습니다. 심지어 코로나19 팬데믹의 비극은 지구상 가장 부유한 사람들이 매일 수십억 달러의 부를 축적하는 수단이 되었습니다. 그리고 이 부는 전 세계에 백신을 공급하는 데 사용되기보다 사적인 우주 관광객을 유치하기 위해 사용하는 경쟁 홍보 비용이 되었습니다.

때로는 상황이 역전되기도 합니다. 이런 일이 발생하면 상황이 매우 안좋게 그리고 매우 갑작스럽게^{7절의 '갑자기'} 악화될 수도 있습니다.

이런 역전되는 상황은 "…하였으므로"와 "이는… 했음이요"라는 설명이 담긴 8절^{「개역개정」}에 신적인 심판의 요소가 드러나는 것을 통해 짐작할 수 있습니다. 하나님의 보응은 동료이자 동족을 잔인하게 대했던 모든 자들에게 내려질 것입니다. 그리고 사람만 고통받은 것이 아니라 **온 땅**

도 이러한 약탈적 탐욕에 억악당했고, 그 결과 지금 우리는 끔찍한 대가를 치르고 있습니다. 인간의 죽음, 자연 파괴, 도시 황폐화 등 복합적인 재앙을 성경은 다음과 같이 잘 포착하고 있습니다.

> 네가 사람들을 피 흘려 죽게 하고,
> 땅과 성읍과 그 안에 사는 주민에게 폭력을 휘두른 탓이다.
> (2:8b, 『새번역』)

이 구절은 요한계시록 11:18의 마지막 파괴적 심판의 말씀이 떠오르게 합니다. "이제는 죽은 사람들이 심판을 받을 때가 왔습니다. … **땅을 망하게 하는 자들**을 멸망시킬 때가 왔습니다."굵은 글씨는 저의 강조 표현입니다

2. 억압을 기반으로 구축된 안전 (2:9-11)

> 9 그들이 너를 보고 '네 집을 부유하게 하려고 부당한 이득을 탐내는 자야,
> 높은 곳에 둥지를 틀고
> 재앙에서 벗어나려 하지만, 너는 망한다!' 할 것이다.

¹⁰ 네가 뭇 민족을 꾀어서 망하게 한 것이

　너의 집안에 화를 불러들인 것이고, 너 스스로 죄를 지은

　것이다.

¹¹ 담에서 돌들이 부르짖으면,

　집에서 들보가 대답할 것이다.

(2:9–11, 『새번역』)

　느부갓네살은 약 45년 동안 통치하면서, 그 기간 동안 바벨론을 엄청난 규모로 재건하고 요새화했습니다. 그리고 이를 대단히 자랑스러워했습니다. "내가 세운 이 도성, 이 거대한 바빌론을 보아라! 나의 권세와 능력과 나의 영화와 위엄이 그대로 나타나 있지 않느냐!"단 4:30, 『새번역』. 느부갓네살이 공중정원의 옥상에서 자신의 도시, 즉 "네 집 … 높은 곳에 둥지…"합 2:9를 바라보며 스스로에게 말했습니다.

　고대 그리스 역사가 헤로도토스는 바벨론 도시에 대해 자세히 묘사한 바가 있습니다.⁶ 헤로도토스의 묘사가 다소 과장된 면이 있다는 것은 알지만, 이를 감안한다고 하더라

6　Herodotus, *The Histories*, 1.178–184.

도 그 도시가 광대하고 견고하게 잘 방어되어 있었다는 인상을 줍니다. 다음에 나오는 헤로도토스의 묘사를 읽으시면서 상상해 보시기 바랍니다.

- 높이는 약 90미터, 바깥쪽으로 두께 약 7.6미터, 길이 약 22킬로미터의 정사각형 성벽이 있고, 바깥 성벽 안으로 약 23미터 두께의 또 다른 성벽이 있으며, 그 성벽을 둘러싼 깊은 호가 있는 도시
- 약 137미터 높이의 250개의 탑
- 밤에는 닫히는 문과 다리, 그리고 그 사이를 관통하여 흐르는 유프라테스 강.
- 느부갓네살의 궁전과 공중정원은 고대 세계 7대 불가사의 중 하나로 꼽힐 만큼 장관을 이룸

그리고 이 모든 것은 "재앙에서 벗어나"기 위한, 다시 말해 이 웅장한 건축 프로젝트는 느부갓네살이 자신의 사생활과 안전을 지키기 위한 것이며, 어떠한 패배나 멸망의 위험으로부터 자기 자신과 도시를 보호하고자 했습니다. 느부갓네살이 추구한 것은 명예와 안위였습니다.단 4:30을 보세요. 그러나 결국 그가 얻게 될 것은 수치와 상실뿐입니다.

그리고 느부갓네살 자신의 생전에 10b절이 완벽하게 묘사하고 있는 그 운명이 닥치지 않았다면, 그의 후계자 벨사살에게 그 운명이 닥쳤을 것입니다단 5장을 보세요.

오늘날에도 상황은 다르지 않습니다. 최상위 부유층은 종종 불의하거나 수상쩍은 방법으로 얻은 부를 이용해 자신의 안보를 구축하려고 합니다. 그들은 보안이 확실하고 화려한 대문이 달린 집을 사거나, 때로는 섬 전체를 매입하기도 합니다. 무장 경비원과 온갖 유형의 사설 경호원을 고용합니다. 또한 전용 제트기와 호화 요트를 타고 자신들만을 위한 안전 구역 안에서 생활하면서 일반 대중과의 충돌을 피합니다.

2016년에 개봉한 영화 〈파나마 페이퍼스〉The Panama Papers, 2017년 영화 〈파라다이스 페이퍼스〉The Paradise Papers 그리고 2021년 영화 〈판도라 페이퍼스〉The Pandora Papers는 슈퍼리치들이 비밀스러운 조세 피난처와 유령 회사에 자신들의 재산을 숨기기 위해 얼마나 수단과 방법을 가리지 않는지 그 실태를 날카롭게 폭로합니다. 이러한 갑부들은 자신들이 소유한 재산의 획득 방법에 대해 어떠한 책임도 지지 않으려 하고, 세금을 성실하게 납부함으로써 나머지 국민을 도와야 할 도덕적 의무 조차도 회피하고 있습니다.

하나님께서 "네가 뭇 민족을 꾀어서 망하게 한 것"이라고 정죄하신 것처럼, 당시에도 그랬고 지금도 여전히 동일합니다. 옥스팜영국 옥스퍼드 학술위원회에서 1942년에 시작된 세계 최대 국제구호개발기구입니다. 2014년에는 한국사무소를 설립했습니다—옮긴이은 개발도상국이 기업의 법인세 회피로 인해 매년 약 1,000억-1,600억 달러의 손실을 보고 있다고 추산하고 있으며, 이 금액은 2013년에 보고서가 처음 발표된 이후로 지금은 그 액수가 막대하게 증가했을 것으로 추정됩니다.[7]

그러나 하박국 2:11의 말씀처럼, 억압 위에 지어진 호화로운 주택의 돌과 들보가 건축자를 향해 부르짖을 것입니다. 이것은 하나님께서 속지 않으신다는 사실을 시각화하여 표현한 것입니다. 하나님은 모든 것을 보고 듣고 알고 계시며, 지금 당장은 아니라고 할지라도 반드시 압제자에게 심판을 내리실 것입니다. 불의 위에 세워진 것은 결국 그 스스로 정의를 요구하고 가해자에게 파멸을 가져다줄 것입니다. 하지만 때로 이런 심판은 몇 세대가 지난 후

---

7 "Tax Evasion Damaging Poor Country Economies," Oxfam, September 1, 2013, https://www.oxfam.org/en/press-releases/tax-evasion-damaging-poor-country-economies.

에야 일어나기도 합니다.

잠언 22:7-8은 이러한 경제적 부조리에 대한 강력한 논평이라고 할 수 있습니다. 이 말씀은 (부채는 사실상 노예제나 다름없는 형태이며, 이는 전 세계에서 가장 부유한 국가를 포함하여 도처에서 충분히 그리고 비극적으로 입증되었다는) **사실**과 (불의는 결국 역으로 돌아옴으로써 장기적으로 끔찍한 결과를 초래한다는) **경고**를 동시에 담고 있습니다.

> 7 가난하면 부자의 지배를 받고,
>
> 빚지면 빚쟁이의 종이 된다.
>
> 8 악을 뿌리는 사람은 재앙을 거두고,
>
> 분노하여 휘두르던 막대기는 기세가 꺾인다.
>
> (잠 22:7-8, 『새번역』)

역사적으로 불의는 수 세기 동안 지속되면서 모든 관계를 파괴하고 고난과 고통의 씨앗을 뿌려서 이것이 끊임없이 지속되게 만듭니다. 때로는 자신들의 조상들이 저지른 죄와 탄압의 대가를 후세대에 이르러 치르는 경우도 있습니다. 예를 들어, 우리는 다음과 같은 예를 생각할 수 있습니다.

- 미국의 건국 초기부터 수세기 동안 이어졌던 대량 학살과 노예 제도의 유산은 오늘날까지 인종 차별과 폭력, 그리고 사회 분열의 원인이 되고 있습니다.

- 17세기 초 아일랜드의 '얼스터 플랜테이션'에서 발생한 식민 침탈과 지주들의 토지 소유권 박탈은 20세기 후반까지도 종교, 정치적 분쟁과 폭력의 씨앗이 되었습니다 _{이러한 문제는 아직까지 완전히 해소되지 않았습니다}.

- 대영 제국은 식민지 시대 당시 노동력 자원으로 사용하기 위해 인구 전체를 한 나라에서 다른 나라로 이동시켰으며, 이는 스리랑카와 미얀마_{예를 들어, 로힝야족}에서 계속되는 민족적 긴장의 근원이 되고 있습니다.

- 제1차 세계 대전 이후 영국과 프랑스가 중동에서 (여러 갈래로 맺었던 약속을 깨고) 구 오스만 제국을 해체시킨 이래로 그 다음 세기 동안 이 지역에서 영구적인 분쟁을 낳는 원인이 되었습니다.

3. 일시적인 영광과 하나님의 영광 (2:12-14)

이 단락은 앞선 화 외침을 이어가지만, 그것에 그치지 않고 느부갓네살의 집에서 도시 전체로 그 범위를 확장하고 있습니다.

> 12 그들이 너를 보고
>
> '피로 마을을 세우며, 불의로 성읍을 건축하는 자야,
>
> 너는 망한다!' 할 것이다.
>
> 13 네가 백성들을 잡아다가 부렸지만,
>
> 그들이 애써 한 일이 다 헛수고가 되고,
>
> 그들이 세운 것이 다 불타 없어질 것이니,
>
> 이것이 바로 나 만군의 주가 하는 일이 아니겠느냐?
>
> 14 바다에 물이 가득하듯이,
>
> 주의 영광을 아는 지식이 땅 위에 가득할 것이다.
>
> (2:12-14, 『새번역』)

이 내용은 다섯 가지 화 외침 중 중앙에 위치하고 있으며, 놀라운 마지막 환상을 포함하여 다른 성경 본문의 인용과 인유로 가득 차 있습니다. 아마도 이러한 특징은 다른 화 외침과 마찬가지로 이 화 외침이 하나님께서 어느 곳에서나 그분이 말씀하신 대로 행하신다는 사실에 대한 지식12절, 하나님께서 자신이 "결정하신" 사건에 대한 주권자시며13절, 땅의 궁극적인 미래가 야웨의 영광으로 채워질

하박국, 폭력의 세상에서 믿음으로 살다

것이라는 지식[14절]에 근거한 견고한 소망에 기반을 두고 있다는 것을 의미할 것입니다.

12절은 미가 3:10을 반영합니다. (한 세기 전에) 미가는 예루살렘의 통치자들을 향해 "시온을 피로, 예루살렘을 죄악으로 건축하는"[개역개정] 자들이라며 비난했습니다. 하박국은 예루살렘을 향한 하나님의 심판을 선언한 미가의 발언을 바벨론을 향한 하나님의 심판으로 확장합니다. 이스라엘이든 열방이든, 그리스도인이든 이교도든 상관없이 피 흘리며 불의를 저지르는 죄는 고대뿐만 아니라 오늘날에도 여전히 하나님의 진노를 불러일으킵니다.

도시 바벨론은 명성이 자자했습니다. 앞서 언급했듯이 느부갓네살은 이 도시를 매우 자랑스러워했고, 자신이 세운 업적을 과시하고 싶어 했습니다[모든 정부는 그럴만한 자격이 있든 없든 간에 자신들의 공적을 과시하려는 경향이 있습니다]. 느부갓네살은 이 도시를 자신의 영광과 위엄을 외형적으로 신격화하는 기념비라고 생각했습니다. 이렇게 자신을 뽐내고 싶어했던 느부갓네살의 교만을 다시 한번 봅시다.

> [29] 열두 달이 지난 뒤에, 어느 날, 왕이 바빌론 왕궁 옥상에서 거닐면서 [30] 혼자 중얼거렸다. "내가 세운 이 도성, 이 거대

한 바빌론을 보아라! 나의 권세와 능력과 나의 영화와 위엄이 그대로 나타나 있지 않느냐!" (단 4:29-30, 『새번역』)

"내가 세운 이 도성"이라니요? 느부갓네살은 아마 평생 벽돌 한 장 만져 본 적도 없을 겁니다! 바벨론은 다른 제국의 도시와 마찬가지로 억압받는 사람, 노예, 전쟁 포로들의 희생을 발판 삼아 건설되었습니다.[8] 느부갓네살은 수많은 사람을 억압하고 "피"와 "불의"[12절] 위에 자신의 영광과 안전의 기반을 구축했습니다. 그러나 이러한 도시 바벨론에 대한 하나님의 심판은 그의 느부갓네살의 자랑과는 극명한 대조를 이룹니다.

가인이 첫 살인을 저지른 후 인간의 피에 목소리가 존재함을 알게 된 장면을 기억하실 겁니다.

---

8 이와 유사하게, 현재 중국은 외국에 도로와 인프라를 건설하기 위해 수감자를 수출하고 있다는 의혹을 받고 있습니다. Brahma Chellaney, "China's Newest Export: Convicts," *The Guardian*, July 29, 2010, https://www.theguardian.com/commentisfree/liberty central/2010/jul/29/china-export-convict-labour를 찾아보시기 바랍니다.

¹⁰ 주님께서 말씀하셨다. "네가 무슨 일을 저질렀느냐? 너의 아우의 피가 땅에서 나에게 울부짖는다. ¹¹ 이제 네가 땅에서 저주를 받을 것이다. 땅이 그 입을 벌려서, 너의 아우의 피를 너의 손에서 받아 마셨다.

(창 4:10-11, 『새번역』)

이 말씀은 피 흘림 위에 세워진 모든 도시와 문명에도 해당하는 말입니다. 피 흘리며 착취당한 수많은 힘없는 사람들은 이미 오래전에 잊혀졌지만 하나님은 잊으신 적이 없습니다. 물론 우리는 모든 인류 문명과 위대한 도시들은 인간의 창의성과 천재성를 나타내는 증거이며, 위대한 건축, 예술, 아름다움, 문화는 하나님의 형상대로 지음 받은 인간의 산물이라는 점을 부정할 수 없습니다. 도시는 인간이 만들어 낸 놀라운 위업의 증거입니다. 우리는 도시가 제공하는 것을 누리고 감사할 권리가 있습니다.

하지만 대도시를 방문하고 그 화려함에 감탄하면서도 결코 놓쳐서는 안 될 어두운 면도 있다는 사실을 잊지 말아야 합니다.

● 관광객들은 도시의 건축물을 바라보며 감탄하지만 하나

님은 피 흘린 사람을 기억하십니다.

- 우리는 도시로부터 경탄하고 감동을 느끼지만 하나님은 그러시지 않습니다.

- 우리는 거리나 광장의 기념비에 이름을 새긴 위대한 불멸의 영웅들을 찬양하지만, 하나님은 그 영웅이라 불리는 자들이 착취했던 사람들의 고통을 보십니다.

- 우리는 승자의 동상을 세우지만 하나님은 희생자들의 울부짖음을 들으십니다.

하박국 2:13에서 심판은 필연적으로 뒤따릅니다. 다시 한번, 우리는 여기서 다른 성경 구절의 목소리를 듣게 됩니다. 13절은 앞서 언급한 바벨론을 향한 하나님의 심판을 선포하는 두루마리에 나오는 예레미야 51:58을 반복합니다.

"… 바빌론 도성의 두꺼운 성벽도 완전히 허물어지고,

그 높은 성문들도 불에 타 없어질 것이다.

이렇게 뭇 민족의 수고가 헛된 일이 되고,

뭇 나라의 노고가 잿더미가 되어 모두 지칠 것이다."

(렘 51:58, 『새번역』)

하지만 하박국은 여기에 한마디를 더합니다. "이것이 바로 나 만군의 주가 하는 일이 아니겠느냐?"[13절]

히브리어 원문을 직역하면 다음과 같습니다. "보아라! 만군의 야웨로부터가 아니냐?" 이 수사적 질문은 매우 강한 확신을 심어 주는 형태를 취하고 있습니다. "그렇습니다! 참으로 야웨, 곧 하늘과 땅을 다스리는 만군의 야웨께서 이렇게 하기로 결정하셨습니다." 바벨론의 군대는 다른 나라들을 폭력적으로 짓밟고 황폐화시켜 느부갓네살의 소유인 도시 바벨론을 부유하게 만들어 주었을 것입니다. 그러나 바빌로니아 사람들은 결국 "피곤하게 되어"[개역개정] 느부갓네살이 자랑하던 모든 수고는 결국 아무 소용이 없게 될 것입니다. 이 엄청난 군대와 전쟁 무기도 결국 소멸되고 멸망할 것입니다. 하나님이 그렇게 말씀하셨기 때문입니다.

이 심판은 인류 역사상 모든 제국들에게 임할 것입니다. 결국 하나님은 그들을 시간이라는 거대한 흙먼지 속으로 흩어버리실 것입니다. 그들의 모든 노력과 수고는 궁극적으로 거시적 차원에서 보면 '아무것도 아닌 것'이 됩니다. 잉카, 마야, 바빌로니아, 그리고 로마의 찬란했던 도시들은 지금 어디에 있습니까? 그저 고고학 유적지로만 존재할 뿐입니다. 하지만 그들의 황금기에는 난공불락의 도시로 존재하며 그것이 영원할 것처럼 느꼈을 것입니다.

하나님은 이에 대해 옛적이나 지금이나 앞으로도 영원토록 그런 것은 존재하지 않는다고 말씀하십니다.

이런 종류의 국가 또는 제국의 교만은 헛되고 피폐하며 결국에는 먼지로 사라질 운명을 맞이할 것입니다.

> 인간의 교만과 땅에서의 영광,
> 칼과 왕관은 그의 신뢰를 배신했지.
> 그는 정성과 수고로 무엇을 세웠나,
> 탑과 성전은 먼지가 되어 흩날리네.
> 그러나 하나님의 능력은 매 시간마다,
> 나의 성전이며 나의 탑이 되신다네.[9]

하박국 2:14은 얼마나 대조적입니까! 인간이 가진 교만, 폭력, 불의로 일구어 놓은 모든 일시적인 성취[12-13절]는

---

9 로버트 브릿지스(Robert Bridges)가 번역한 찬송가 '내 모든 소망은 하나님께 두었다네'(All My Hope on God Is Founded)의 가사입니다. 원곡은 요아킴 네안데르(Joachim Neander)가 지었습니다.

헤아릴 수 없고 꺼지지 않는 하나님의 영광으로 대체될 것입니다14절. "땅은 더 이상 피로 더럽혀지지 않고 영광으로 충만할 것입니다."[10]

다시 한번 하박국은 두 개의 성경 구절을 인용하고 결합하고 있습니다. 첫 번째 구절은 민수기 14:21입니다. 여기서 하나님은 온 땅을 가득 채우는 당신의 영광에 대해 말씀하면서, 동시에 이스라엘 백성을 향해 현 세대는 자신을 반역했기 때문에 약속의 땅에 발을 들여놓지 못할 것이라고 말씀하십니다.

> [20] 주님께서 말씀하셨다. "너의 말대로 용서하겠다. [21] 그러나 내가 살아 있는 한, 그리고 나 주의 영광이 온 땅을 가득 채우고 있는 한, [22] 나의 영광을 보고도, 내가 이집트와 광야에서 보여 준 이적을 보고도, 열 번이나 거듭 나를 시험하고 내 말에 순종하지 않은 사람들은, 어느 누구도, [23] 내가 그들의 조상들에게 주기로 맹세한 그 땅을 못 볼 것이다. 나를 멸시한 사람은, 어느 누구도 그 땅을 못 볼 것이다.

---

10   David Prior, *The Message of Joel, Micah and Habakkuk*, The Bible Speaks Today (Leicester, UK: IVP, 1998), 253.

(민 14:20-23, 『새번역』)

반면 두 번째 구절은 이사야 11:9로, 미래의 다윗 계열 통치자가 열어갈 구원, 정의, 평화의 시대에 대한 하나님의 약속이 대미를 장식하는 구절입니다. 여기서 창조 세계의 모든 피조물은 조화를 이룰 것입니다.

> 물이 바다를 채우듯,
>
> 주님을 아는 지식이 땅에 가득하기 때문이다. (사 11:9b.)

하박국은 민수기의 "영광"심판의 말씀과 이사야서의 "지식"구원의 말씀을 결합함으로써 하나님의 영광이 온 땅에 가득함을 보여 줄 뿐만 아니라 온 땅의 사람들이 이를 보고 **알도록** 합니다.

> 바다에 물이 가득하듯이,
>
> 주의 영광을 아는 지식이 땅 위에 가득할 것이다.
>
> (2:14, 『새번역』)

이사야가 스랍들이 노래 부르며 서로 화답하는 소리를

들었을 때^{사 6:3}는 하나님의 영광이 이미 온 땅을 가득 채우고 있음을 알 수 있습니다. 실제로 땅의 충만함^{다채롭고 다양한 생물들의 다양성}은 부분적으로 하나님의 영광을 구성하는 요소입니다. 그러나 하박국의 요점은 여기에서 한 걸음 더 나아갑니다. 땅이 하나님의 영광을 아는 **지식**으로 가득 차게 되리라는 것입니다.[11] 이것은 이사야의 광대한 비전을 묘사하는 하박국만의 표현 방식입니다.

"주님의 영광이 나타날 것이니,

모든 사람이 그것을 함께 볼 것이다.

이것은 주님께서 친히 약속하신 것이다."

(사 40:5. 『새번역』. 굵은 글씨는 저의 강조 표현입니다.)

또한 하나님의 영광을 아는 지식으로 가득 차게 될 곳

---

11 아서 캠벨 아인저(Arthur Campbell Ainger)의 위대한 찬송가 '하나님은 해를 거듭할수록 그의 목적을 이루시네'(God Is Working His Purpose Out as Year Succeeds to Year)에서는 운율을 맞춰야 하기 때문에 유감스럽게도 하박국의 "지식"이라는 말을 생략해야 했으며, 그래서 각 절의 마지막 줄을 '물이 바다 덮음 같이 땅이 하나님의 영광으로 충만할 때'로 바꾸었습니다.

은 (이미 그 지식으로 가득 차 있는) 하늘이 아니라 **이 땅**이라는 사실에 주목하시기 바랍니다. 우리는 하나님의 영광을 알고 보기 위해 굳이 천국까지 다녀올 필요가 없습니다. 하나님의 계획은 시내산에서 하나님의 영광이 내려와 성막과 후일에 성전을 가득 채운 것처럼 이 **땅**을 하나님의 영광으로 충만하게 채우는 것입니다.

이 크고 영광스러운 아치형의 장면은 하박국 2:14부터 요한계시록 21장의 요한이 본 환상에 걸쳐 이어집니다. 그 마지막 장면에 하나님의 도시에서는 하나님의 영광이 모든 죄, 교만, 속임수, 폭력_{바벨론의 모든 영광}이 제거되고 깨끗해진 인류의 진정한 영광과 함께 결합됩니다.

> 23 그 도성에는, 해나 달이 빛을 비출 필요가 없습니다. 그것은, **하나님의 영광**이 그 도성을 밝혀 주며, 어린 양이 그 도성의 등불이시기 때문입니다. 24 민족들이 그 빛 가운데로 다닐 것이요, 땅의 왕들이 그들의 영광을 그 도성으로 들여올 것입니다. 25 그 도성에는 밤이 없으므로, 온종일 대문을 닫지 않을 것입니다. 26 그리고 사람들은 **민족들의 영광과 명예**를 그 도성으로 들여올 것입니다. 27 속된 것은 무엇이나 그 도성에 들어가지 못하고, 가증한 일과 거짓을 행하는

자도 절대로 거기에 들어가지 못합니다. 다만 어린 양의 생

명책에 기록되어 있는 사람들만이 들어갈 수 있습니다.

(계 21:23–27. 『새번역』. 굵은 글씨는 저의 강조 표현입니다)

4. 열방의 타락과 자연의 파괴 (2:15-17)

15 그들이 너를 보고

  '홧김에 이웃에게 술을 퍼 먹이고

  술에 취하여 곯아떨어지게 하고는,

  그 알몸을 헤쳐 보는 자야, 너는 망한다!' 할 것이다.

16 영광은 커녕, 실컷 능욕이나 당할 것이다.

  이제는 네가 마시고 곯아떨어져 네 알몸을 드러낼 것

  이다.

  주의 오른손에 들린 심판의 잔이 네게 이를 것이다.

  더러운 욕이 네 영광을 가릴 것이다.

17 네가 레바논에서 저지른 폭력이 이제,

  네게로 되돌아갈 것이다.

  네가 짐승을 잔인하게 죽였으나,

  이제는 그 살육이 너를 덮칠 것이다.

  사람들을 학살하면서,

땅과 성읍과 거기에 사는 주민에게 폭력을 휘둘렀기
때문이다.

(2:15-17, 『새번역』)

　　모든 제국은 정복한 나라와 민족을 모욕하고 비하하며
폄하합니다. 정복당한 사람들은 개나 돼지 같이 인간 이하
의 취급을 받으며 무자비하게 학살당하기도 합니다. 심지
어 이런 학살을 두고 살아 있는 나머지 인류를 위한 서비
스라며 뽐내기까지 합니다. 여기에 대한 악명 높은 몇 가
지 사례를 소개하겠습니다.

● 로마는 죄수들을 십자가에 못 박았는데, 이것은 고의적
　으로 행해진 비인간적인 관행이었기 때문에, 제대로 된
　무리 사이에서는 생각하거나 이야기조차 할 수 없는 일
　이었습니다.
● 대영 제국은 아프리카와 인도에서 '원주민'을 대상으로
　끔찍한 인종 차별적 잔학 행위를 저질렀습니다. 또한 아
　편 무역으로 중국인을 모욕하기도 했습니다 대부분의 영국인은
　잊고 있지만 중국인들은 잊고 있지 않습니다.
● 우리는 모두 나치의 유대인 학살에 대해서 잘 알고 있습

니다.

- 미얀마 군부는 로힝야족을 '해충'으로 간주하여 이들을 학살하는 것이 정당하다고 주장했습니다.

- 현대의 인종 대학살 사태에서는 인구 전체가 조직적으로 학대를 당하고 있습니다. 예를 들어, 힘없는 여성을 집단 강간하거나, 무능한 남성에게 의도적으로 수치심을 주거나, 남성에게 굴욕감을 주기 위한 목적으로 동성 강간을 하기도 합니다.

- 이라크, 아프가니스탄 등지에서 포로들에게 비인격적인 대우를 했다는 의혹이 폭로되면서 공분을 사기도 했습니다.

- 우크라이나를 침공한 러시아는 민간인을 강간하고, 고문 했으며, 귀중한 문화재를 파괴하는 등 여러 전쟁 범죄를 저질렀습니다.

이 모든 사례를 포함한 더 많은 사례는 타인을 모욕하거나 타인을 착취하는 방법으로 이익을 취함으로써 자신의 우월함을 미화하는 전형적인 수법예를 들어, 유인을 통한 인신매매에 해당합니다.

값싼 중국 인부의 노동력 착취, 유럽의 매춘 업소에서 이루어지는 알바니아와 러시아의 여성 착취, 불법 노동 업소에서 벌어지는 아동 착취, 이라크 전쟁의 인질, 난민 인신매매 등 이 모든 사례는 타인의 존엄성을 무시하고 하나님 없이 살아가는 사람들의 타락상이 얼마나 끔찍한지를 보여주는 생생한 예시입니다.[12]

15절에 나오는 하박국의 비유는 오늘날 남성이 여성을 술이나 약에 취하게 한 후 성적으로 학대하는 '데이트 성폭행'과 비슷하게 들립니다. 하지만 하박국은 이 비유를 국제적인 규모로 확장합니다. 제국주의 권력은 피지배 국가를 처참하게 무력한 상태로 전락시킨 다음 자신의 쾌락과 풍요를 위해 무엇이든 원하는 대로 취합니다. 이러한 묘사에는 식민지주의의 독한 악취가 물씬 풍기는 듯합니다.

그러나 16절에서 하나님께서 말씀하신 것처럼 종국에는 상황이 역전될 것입니다. 교만한 제국들이 다른 사람들을 술 취하게 만들어 수치스럽게 하는 데 사용했던 그 '잔'

---

12 Jonathan Lamb, *From Why to Worship: A Journey through the Prophecy of Habakkuk* (Milton Keynes, UK: Authentic Media, 2007), 70.

은 하나님께서 사용하시는 심판의 잔이 될 것입니다. 영광스러운 장면은 아니지만 성경의 또 다른 중요한 점은 하박국 2:16부터 요한계시록 18장의 큰 '음녀' 바벨론이 수치와 몰락에 이르기까지 이어지는 것입니다. '그녀'는 다른 사람들을 수치스럽게 만들어 자신에게 충성하게 하고 자신과 '거래'하게 만든 장본인으로서, '그녀'는 궁극적으로 자신이 저지른 모든 억압에 대해 하나님께서 내리시는 징벌적 심판계 18:6, "그 도시가 섞은 잔에 갑절" 「새번역」을 맛보게 될 것입니다.

고대와 현대를 막론하고 제국의 탐욕과 폭력은 더욱 광범위하게 퍼져 있습니다. 하박국 2:17은 제국이 인간을 죽이고 착취할 뿐만 아니라 하나님의 땅인 자연을 무자비하게 파괴한다는 사실을 상기시켜 줍니다이는 하박국이 앞서 8절에서 암시한 지점입니다.

"레바논"17a절은 나라를 의미할 뿐만 아니라 그 땅의 유명한 백향나무로 이뤄진 숲을 의미합니다. 고대에 이 웅장한 나무들은 다양한 목적을 위해 쓰였습니다. 때로는 전쟁의 무기로, 때로는 호화로운 집을 짓는 데 사용하기 위해 엄청난 수의 나무들이 벌목되었습니다예를 들어, 솔로몬의 궁전을 지을 때 왕상 7장, 여호야김의 궁전을 지을 때. 렘 22:14-15. 아시리아와 바벨론도 전쟁을 일으키는 과정에서 백향나무를 황폐화시켰습니다. 인간이 일으킨 전쟁으로 인해 숲이 받아야 했던 끔찍한 고통은 이사야 14장에서 이사야가 바벨론의 멸망을 예언한 부분에서 묘사됩니다. 이사야는 압제에서 해방될 **백성**의 기쁨뿐만 아니라 바벨론 왕이 죽으면 더 이상 고통을 겪지 않아도 될 땅과 나무의 기쁨도 그려내고 있습니다.

> 7 "… 마침내 온 세상이 안식과 평화를 누리게 되었구나.
>
> 모두들 기뻐하며 노래부른다.
>
> 8 향나무와 레바논의 백향목도
>
> 네가 망한 것을 보고 이르기를
>
> '네가 엎어졌으니,
>
> 이제는 **우리를** 베러 올라올 자가 없겠구나' 하며 기뻐한다.
>
> …"(사 14:7-8, 『새번역』)

또한 나무가 소실됨에 따라 동물들의 서식지 역시 심각하게 훼손되었고, 과도한 사냥으로 인한 '동물들의 멸종'도 함께 진행되었습니다^{합 2:17}. 안타깝게도 이제는 이러한 약탈이 전 세계적으로 자행되고 있다는 점을 제외하면 그 이후로 주욱 크게 달라진 것은 없습니다.

그래서 하박국 2:17 하반절은 8절을 반복하며 상황을 요약합니다. 바벨론은 '사람들을 학살하면서, 땅과 성읍과 거기에 사는 주민에게 폭력을 휘두른 죄'를 지었습니다. 이러한 악행은 과거에나 지금이나 여전히 계속되고 있습니다. 사람과 땅이 동시에 침해당하는 경우 말입니다. 오늘날 세계에서 벌어지는 최악의 대자연 파괴는 원주민을 잔인하게 탄압하고 노동자를 살인적으로 착취하는 방식으로 행해지고 있습니다. 나이지리아 남부의 석유, 남미의 석탄 및 고무, 미얀마 카친주의 비취, 콩고민주공화국의 코발트, 남아프리카의 금과 다이아몬드, 아마존 열대 우림의 팜유와 목장, 우크라이나의 경작지, 농작물, 댐, 강에 행해지는 생태 파괴가 이에 해당합니다. 환경 파괴는 지난 한 세기 동안 지구상에서 가장 끔찍한 악행 중 하나가 되었습니다.

땅을 세심하게 돌보는 것은 우리가 종종 간과하는 성경의 가르침 중 하나입니다. 창조주 하나님은 "땅과 그 안에 가득 찬 것이 모두 다 주님의 것"^{시 24:1, 「새번역」}이므로 당신의 '소유'를 소중히 여기십니다. 하나님은 우리가 땅을 어떻게 대하는지에 따라 책임을 물으시고 그 땅을 제멋대로 파괴하려는 사람들을 정죄하십니다.

그러나 하박국 2:17에서 하나님은 결국 우리가 자연 세계에 행한 일이 우리를 "덮치고" 우리에게 "되돌아갈 것"
이라고 말씀하십니다. 당장 우리 세대에 이러한 일이 일어
나고 있지 않습니까? 지구의 생물학적 역사상 여섯 번째
대규모 멸종에 해당하는 수많은 종의 사라짐, 바다와 강의
오염과 죽음, 우리 삶을 지탱해 온 토양의 고갈과 황폐화,
인간이 가속화한 지구 온난화와 같은 기후 변화 등 지구의
미래에는 또 얼마나 두려운 일들이 일어날까요? 이러한
일들이 벌어질 것을 충분히 오래 예상하며 고민해온 사람
들을 정말로 "무섭게"^{공동번역개정} 합니다. 주여, 자비를 베푸
소서!

5. 우상 숭배, 혼란, 거짓말 (2:18-19)

¹⁸ 우상을 무엇에다 쓸 수 있겠느냐?

　사람이 새겨서 만든 것이 아니냐?

　거짓이나 가르치는, 부어 만든 우상에게서 무엇을 얻을

　수 있겠느냐?

　그것을 만든 자가 자신이 만든 것을 의지한다고 하지만,

　그것은 말도 못하는 우상이 아니냐?

¹⁹ 나무더러 '깨어나라!' 하며,

말 못하는 돌더러 '일어나라!' 하는 자야, 너는 망한다!

그것이 너를 가르치느냐?

기껏 금과 은으로 입힌 것일 뿐,

그 안에 생기라고는 전혀 없는 것이 아니냐?

(2:18-19, 『새번역』)

또 한 번, 하나님께서는 모든 우상 숭배의 근원적인 죄로 돌아가 말씀하십니다. 바벨론에 대한 하나님의 첫 번째 묘사인 "(제) 힘이 곧 하나님이라"[1:11]는 이제 여기에서 끝납니다. 이것이 바로 군사적 우월의식과 국가적 긍지가 빚어낸 우상 숭배입니다.

그러나 이 마지막 '화 외침'에서 하나님은 사람들이 스스로 만든 우상을 맹신하는 형태를 지적합니다. 우리는 우상이 아무리 자주 효력을 나타내지 못한다고 하더라도 여전히 그것들을 믿습니다. 어쩌면 우리는 아주 필사적으로 그것들을 믿으려고 하는 것처럼 보이기도 합니다. 이러한 유혹은 특히 권력을 가진 사람들에게 강하게 나타날 수 있는데, 그들이 자신의 지위를 유지하기 위해서는 신이 '필요 하기' 때문입니다. 이는 '자신의 선전을 믿는 것'과 비슷합니다. 먼저 거짓예를 들어, '큰 거짓말'을 만들어 무한 반복함으로써 다른 사람들이 그것을 믿도록 유도합니다. 다른 사람들이 믿기 시작하면, 그 다음은 자기 자신도 그것을 믿어야만 거짓말이 '고착화'될 수 있습니다. 거짓말은 악의적이고 자기 강화적인 제어 기능을 합니다. 때때로 대통령이나 총리와 같은 고위 정치인의 말을 듣다 보면, (이미 부인할 수 없는 사실에 의해 거짓임이 드러났기 때문에) 당연히 자신들이 거짓을 말하고 있다는 것을 뻔히 알고 **있음에도** 대담하게 확언하는 것을 들을 때면 놀랍기까지 합니다. 사실 그들은 이미 **우리**가 거짓이라는 것을 알고 있지만, 마치 자신들의 지위가 우리의 믿고 따름에 달려 있는 것처럼 열정과 확신을 가지고 계속 말합니다. 그 이면에는 자기 자신을 우상화하는 교만함이 숨어 있으며, 결국 그 우상이 요구하는 대가는 진실이 밝혀짐으로써 맞이하는 죽음 뿐입니다.

하지만 이러한 경향은 고대로부터 현대에 이르기까지 높은 지위에 있는 지도자들만의 문제가 아닙니다. 우리 모두가 빠지기 쉬운 우상 숭배의 핵심이기도 합니다. 우리는 각자 자신이 만든 우상을 믿고 **싶어** 하기 때문에, 우상은 우리가 스스로 만든 것에 불과하다는 사실을 쉽게 잊어버립니다! 결국 이러한 우상의 가장 큰 강점은 자신의 욕망과 선택을 지지하도록 만들 수 있다는 점입니다. 그러나 우상은 하박국이 예리하게 지적한 것처럼 "말도 못하"고 "그 안에 생기라고는 전혀 없는 것"입니다. 따라서 이 우상은 (살아 계신 하나님과 달리) 당신이 생각하거나 행동하는 것에 결코 **이의를 제기하지** 않습니다. 당신이 자신의 편의를 위해 만든 우상은 주변 문화로부터 가져온 온갖 그럴듯한 근거를 바탕으로 당신의 야망^{그 자체로 일종의 신일 수 있습니다}을 뒷받침해 줄 것입니다. 그게 바로 우상이 존재하는 이유입니다. 우상은 우리가 스스로 만들어 낸 욕망과 욕구에 신성함과 외형적 신적 지위를 부여합니다.

그러나 역설적이게도, 이 우상들은 말을 할 수 없음에도 불구하고 '거짓을 가르칩니다!'[18절] 우상은 거짓말, 속임수, 허위로 가득한 교육 과정을 총괄하는 멍청한 교사입니다. 명백한 거짓을 '대안적 사실'alternative facts이라고 주장하거나, 사실과 모순되는 주장을 '가짜 뉴스'fake news로 치부하는 대통령들의 주장과 같이, 눈에 띄는 사례에 대해 조롱과 조소의 손가락질을 하며 지적하는 것은 쉽습니다. 그러나 우리 문화에는 인간의 삶에 도움이 되든 안 되든 간에 더 교묘한 수준의 거짓말이 만연해 있습니다. 예를 들어 봅시다.

- "탐욕은 좋은 것이다. 모든 것에는 대가가 있다. 시장이 결정한다. 환경은 '경제적이어야 한다'"와 같은 **맘몬의 거짓**이 만연합니다.

- "당신이 원한다면 누구든 무엇이든 될 수 있으며, 특히 성적인 영역에서 누구도 당신의 자유로운 선택에 대해 권한을 행사할 수 없고 행사해서도 안된다"라는 **자유의 거짓**이 만연합니다.

- "자기 자신에 대한 믿음만 있다면 무엇이든 될 수 있고, 자아 성취가 인생 최대의 목표다. 자신의 정체성(성별 포함)을 스스로 만들고 결정할 수 있다"라고 하는 **자아에 대한 거짓**이 만연합니다.

- "국가나 개인은 엄청난 비용이 드는 군비나 개인용 총기, 또는 그로 인해 사람들이 피를 흘려야 하더라도 자신의 안전이 최우선으로 보장되어야 한다"라는 **안보의 거짓**이 만연합니다. 거짓 우상은 총기라는 우상보다 더 무자비하게 살인을 저지릅니다.

물론 모든 거짓은 그 얼굴이 아무리 순수해 보일지라도 사탄의 흔적을 지니고 있습니다. 예수님께서 말씀하셨듯이 사탄은 처음부터 "거짓의 아비"였습니다(요 8:44). 그런데도 사람들은 거짓을 믿습니다!^{합 2:18b} 우리는 언젠가는 우리 자신을 낙담시키고 파괴할 바로 그 거짓에 계속해서 비위를 맞추어 주고 있습니다. 우리는 이러한 거짓을 믿는 것을 멈추지 않습니다. 우리는 지적이든 기술적이든 우리 자신이 만들어 낸 것을 신뢰합니다.

하박국은 18절과 19절에서 우상^{당시의 모든 거짓 신들과 우리 시대의 우상}과 이스라엘의 참된 살아 계신 하나님, 우리 주 예수 그리스도의 하나님이자 아버지이시며 오늘날 우리의 하나님 사이의 극명한 대조를 드러냅니다.

- 그것들은 인간이 만든 것^{'자신이 만든 것'}이지만 **살아 계신 하나님**은 창조되지 않으시고 영원하신 분입니다.
- 그것들은 '거짓이나 가르치는' 존재이지만, **살아 계신 하나님**은 진리를 말씀하시며 모든 진리의 근원이십니다.
- 그것들은 우리에게 '믿음'을 요구하지만, **살아 계신 하나님**만이 우리의 믿음의 대상이 되어야 합니다^{2:4}.
- 그것들은 우리를 '인도'해 주어야 하지만, **살아 계신 하나님**이 이미 계시된 율법과 지혜를 주셨고, 그를 찾는 사람들을 인도하겠다고 약속하셨습니다.

우리는 마침내 이 교만과 우상 숭배 목록의 말미에 도달했습니다. 하나님께서는 파괴적인 인간의 악행이 묘사될 때마다 "화 있을진저!(혹은 너는 망한다!)"라고 선언하셨습니다. 개인적인 것이든 국제적인 것이든 교만과 우상 숭배는 필연적으로 스스로 초래할 황폐와 파멸의 눈물로 끝날 수밖에 없습니다. 하나님의 저주와 심판은 인간의 죄가 **그것을 저지른 자에게 되돌아오는** 필연적인 과정에서 자연스레 드러나기 마련입니다. 악은 또 다른 악을 낳고 고통을 초래합니다.

결국, 각각의 다섯 가지 묘사에서 **심판의 씨앗이 죄 속에 담겨 있습니다.** 이 진리는 하나님의 도덕적 법칙에 담겨 있습니다. 바로 뿌린 대로 거둔다는 법칙 말입니다. 죄에는 반드시 악한 결과가 따르고, 그 악한 결과는 개인이든 집단이든 그 죄인의 머리에 부메랑이 되어 돌아오기 마련입니다. 다음의 각 사례에서 이것을 확인할 수 있습니다.

- 노략한 자들은 노략 당하게 됩니다[8절].
- 다른 사람들의 폐허 위에 세워진 호화로운 궁전의 돌과 나무는 건축자를 향해 부르짖습니다[11절].

- 제국이 한 수고는 전부 헛수고가 될 것입니다[13절].
- 다른 사람을 모욕하는 데 사용한 잔은 가해자의 목구멍에 심판을 쏟아 부을 잔이 될 것이며, 자연에 행한 잔인함은 폭력을 저지른 자들을 두렵게 할 것입니다[16-17절].
- 믿었던 우상은 실상 숭배자들을 구원하거나 인도하기는커녕 스스로 깨어나지도 못합니다[18절].

잠잠하라!

그러나 이것이 끝이 아닙니다. 우리는 하나님께서 하신 마지막 말씀에 귀 기울여야 합니다. 왜냐하면 이 격동의 장에서의 마지막 말씀은 하나님의 말씀이기 때문입니다. 20절에 나오는 이 말씀은 다섯 가지 화 외침에 나오는 악과 심판에 대한 모든 비참한 만화경과 극명한 대조를 이룹니다.

"나 주가 거룩한 성전에 있다.
온 땅은 내 앞에서 잠잠하여라."
(2:20, 『새번역』)

하나님은 모든 인간의 우상 숭배를 초월하는 우주적 진리, 즉 **주 하나님 당신께서 책임자**이시며 우리는 잠잠히 그분께 주의를 기울여야 합니다.

이 구절에서 "나 주가 거룩한 성전에 있다"는 말씀은 하나님이 예루살렘의 성전이든 오늘날의 교회 건물이든 건물 안에 숨어 계신다는 뜻이 아닙니다. 많은 정치인들이 그분을 그렇게 모셔 놓고 싶어 합니다! 교회가 정치권의 악에 반대하는 목소리를 낼 때, 우리는 강단 앞으로 돌아가서 '영적인 문제'에나 충실하라는 말을 듣습니다. 이러한 입장은 공적 영역에 하나님이 개입할 자리는 없다는 가정이 깔려 있습니다. 서구 문화는 계몽주의와 세속적 유물론과 인본주의적 유럽 문화의 등장 이후 300년 동안 이렇게 말해 왔습니다. 공적인 영역과 사적인 영역을 분리한 철학적 이원론즉, 소위 객관적 과학, 경험적 사실, 이성의 세계를 주관적 종교, 교리, 신앙의 세계와 분리은 하나님을 후자의 영역에 가두어 놓고 전자의 영역에 자유롭게 넘나드는 것을 단호히 금지했습니다.

하나님은 광장에서 추방당하셨습니다.

그러나 하박국서는 다음과 같이 말씀합니다. "나 주가 거룩한 성전에 있다." 이 말씀은 하나님께서 **통치의 자리에 앉아계신다**는 뜻입니다. 하나님의 성전은 하나님의 거처를 의미합니다. 또한 고대 근동과 성경의 사유 방식에서 보면 성전은 하나님(또는 신들)이 통치권을 행사하는 장소입니다. 즉, CEO의 사무실과 같은 개념의 장소였던 것이죠. 하나님이 성전에 계시다는 말씀은 하나님께서 당신의 성전에서 다스리는 모든 것에 대해 적극적으로 주권을 행사하신다는 뜻입니다. 그리고 살아 계신 하나님은 모든 피조물을 당신의 성전이라고 선언하십니다. "하늘은 나의 보좌요, 땅은 나의 발 받침대다"사 66:1, 「새번역」. 하나님은 하늘 **그리고 땅**을 다스리십니다.

그러므로 우리에게 요구되는 올바른 자세는 하나님 앞에 잠잠히 무릎을 꿇고 복종하는 것입니다. "온 땅은 내 앞에서 잠잠하여라."

이는 하박국 본인에게도 해당되는 말씀입니다.

그렇습니다. 하나님은 하박국이 질문하는 것을 허락하셨고, 우리가 질문을 드리는 것도 여전히 허락하십니다. 그러나 결국 하나님은 우리에게 잠잠한 믿음과 그분의 주권적인 통치를 신뢰하는 복종으로 거하도록 부르십니다. 다음 장에서 살펴보겠지만, 그럼에도 불구하고 하박국은 그저 침묵만 지키고 있지는 않을 것입니다. 오히려 하박국은 찬양 반주에 맞추어 갑작스럽게 노래를 부를 것입니다!

이제 그의 노래는 하박국 2장 마지막 구절의 진리를 표현하고 확장하여 그것이 울려 퍼지도록 절정에 이르게 할 것입니다.

자, 이제 이 장을 마무리하면서, 다섯 가지 화 외침의 끔찍한 어둠 속을 비추는 **세 가지 밝은 빛**을 기억해 봅시다.

4절에서 하나님은 의인에게 믿음으로 살라고 부르십니다. 우리는 살아 계신 하나님을 믿고 생명이라는 하나님의 선물을 받을 때만 비로소 의인으로 인정받을 수 있습니다. 그리고 구원받는 믿음으로 신앙의 여정을 시작한 **우리는 믿음으로 계속 살아가며** 우리에게 생명을 주시고 우리를 의롭게 하신 하나님을 신뢰하고 순종해야 합니다. 우리는 그분께 신실할 것이며, 우리가 이해할 수 없는 세상 한가운데 서 있다고 할지라도 그분을 신뢰할 것입니다. 신실함이 모든 정답을 가지고 있음을 의미하지는 않습니다. 그것은 올바른 관계 속에서 사는 것을 의미합니다. 또한 그것은 하나님께서 궁극적으로 모든 것을 바로잡아 주실 것을 신뢰하고, 답이 보이지 않는 질문들 조차도 하나님의 신실하신 손에 맡기는 것을 의미합니다.

14절에서 하나님은 의인에게 영광으로 가득한 장래를 꿈꾸게 하십니다. 과거부터 현재까지 그래왔듯이 하나님의 궁극적인 사명은 이 땅을 본래의 목적대로, 즉 우리가 기쁨과 축복을 누리도록 하나님 당신의 영광으로 충만하게 회복하는 것입니다. 바울은 그리스어로 된 한 문장 속에 세 번이나 "영광"이라는 단어를 사용하여 하나님의 사명을 표현하면서, 틀림없이 이 소망을 가슴에 품었을 것입니다엡 1:3-14.

> 9 그리스도 안에서 미리 세우신 하나님이 기뻐하시는 뜻을 따라 하나님의 신비한 뜻을 우리에게 알려 주셨습니다. 10 하나님의 계획은, 때가 차면, 하늘과 땅에 있는 모든 것을 그리스도 안에서 그분을 머리로 하여 통일시키는 것입니다. (엡 1:9-10, 『새번역』)

바울은 우리가 궁극적으로 구원받게 될 미래, 모든 피조물을 둘러싼 영광으로 가득한 미래를 생각하면서 분명 가슴이 벅차올랐을 것입니다.

> 18 현재 우리가 겪는 고난은, 장차 우리에게 나타날 **영광**에 견주면, 아무것도 아니라고 나는 생각합니다. 19 피조물은 하나님의 자녀들이 나타나기를 간절히 기다리고 있습니다.

²⁰ 피조물이 허무에 굴복했지만, 그것은 자의로 그렇게 한 것이 아니라, 굴복하게 하신 그분이 그렇게 하신 것입니다. 그러나 소망은 남아 있습니다. ²¹ 그것은 곧 피조물도 썩어짐의 종살이에서 해방되어서, 하나님의 자녀가 누릴 **영광**된 자유를 얻으리라는 것입니다.

(롬 8:18-21. 『새번역』. 굵은 글씨는 저의 강조 표현입니다)

우리는 이해할 수 없는 세상에서 씨름하고 의문을 품는 가운데에도 우리가 상상할 수 없는 세상을 기대할 수 있습니다.

20절에서 하나님은 우리에게 당신의 주권을 받아들이라고 말씀하십니다. 물론 이것은 4절이 말하는 믿음과 14절이 말하는 소망의 확고한 근거입니다. 우리를 포함하여 모든 문화권마다 우상이 넘쳐나는 세상에서, 우리는 하나님께서 시간과 공간, 자연과 역사에 우주적 통치를 행사하시는 살아 계신 하나님의 거룩한 성전을 바라봅니다. 우리의 주권자이신 하나님은 우리가 이해할 수 없는 방식으로 세상을 이해하십니다. 하나님은 당신께서 창조하신 세상, 우리가 타락시킨 세상, 독생자를 보내실 정도로 사랑하신 세상, 십자가의 보혈로 당신과 화해한 세상, 그리고 새롭게 하시고 회복시키시고 당신의 영광으로 채우실 세상을 모두 알고 계십니다.

하나님 그분께서 주신 계시 안에서 우리가 안식할 때, 우리는 그분 앞에서 침묵할 수 있으며, 이해할 수 없을 때에도 믿음과 소망을 가지고 사는 것에 만족할 수 있습니다.

1. 하나님의 궁극적인 심판이 복음의 일부라는 데 동의하십니까? 그리고 우리가 이 심판을 좋은 소식이라고 믿는다고 해도, 하나님께서 세상을 심판하실 것이라는 성경의 말씀에 감정적으로나 영적으로 어떻게 반응합니까?

2. 하박국 2장에 나오는 '다섯 가지 화 외침' 중 당신이 생각하는 오늘날 세상에서 벌어지는 구체적인 문제를 다루는 것이 있습니까? 바울이 로마서 1장에서 제시하는 것처럼 우상 숭배가 이 모든 문제의 근본적인 뿌리라는 데 동의하십니까?

3. 하나님의 "거룩한 성전"20절이 그분의 주권적 통치의 자리라면, "그분 앞에서 잠잠하라"는 것은 (아마도 우리가 아무 말도 하지 말라는 뜻이 아닐 것입니다!) 실제로 무엇을 의미할까요?

제5장

하나님의 말씀을 신뢰하다

하박국서의 마지막 장을 시작하기 전에 지금까지 이 여정이 어떻게 진행되어 왔는지 다시 한번 생각해 봅시다. 우리는 하박국이 자신을 분노하게 만든 조국의 상황과 그를 두렵게 한 더 넓은 세상으로부터 다가올 사건들로 인해 씨름하면서 하나님과 나눈 대화를 들어 보았습니다. 하박국은 두 번이나 의문을 제기했고, 하나님께서는 두 번이나 응답하셨습니다. 정말 힘겨운 대화였습니다! 하박국은 도무지 이해가 되지 않는 세상과 헤아리기 어려운 하나님 사이에서 고군분투하고 있는 것 같습니다.

우리는 하박국의 심정이 어떨지 충분히 이해가 됩니다.

하지만 지금까지의 대화를 통해 우리는 두 가지 중요한 사실을 분명히 알 수 있습니다.

첫째, 악의 멸망과 하나님의 승리에 대한 절대적인 확신입니다. 하나님은 악을 영원히 용납하지는 않으실 것입니다. 지금은 하나님의 방식이 납득하기 어려워 보일지 모르지만, 하나님은 긴 역사의 흐름 속에서 압제자들을 무너뜨릴 뿐만 아니라 궁극적으로 인류와 자연에 닥친 모든 억압과 고통을 종식시키실 것입니다. 하나님의 정의는 현재(겨우 부분적으로나마) 역사 속에서 실현되고 있습니다. 하지만 역사의 마지막에 "세상을 심판"창 18:25, 『새번역』 하실 때에는 조금의 이견이나 불평도 없는 정의를 행하실 것이며, 그것은 완전하고도 되돌릴 수 없는 형태로 실현될 것입니다.

이것은 우리에게 너무나도 큰 격려가 되는 진리이며, 경건하지 않은 사람들이 겉으로 부유하고 부강해 보인다고 할지라도 **부러워** 할 필요가 없음을 의미합니다. 오히려 우리는 그들을 불쌍히 여기고 그들을 위해 기도해야 합니다. 그들이 회개하지 않는다면 최후의 날에 종말은 참으로 끔찍한 일이 닥치고 말 것이기 때문입니다. 시편 기자 아삽이 악인의 번영을 보고 좌절하던 마음을 돌이켜 하나님 앞으로 나아갔을 때 깨달은 통찰이 바로 이것입니다.

16 내가 이 얽힌 문제를 풀어 보려고 깊이 생각해 보았으나,

그것은 내가 풀기에는 너무나 어려운 문제였습니다.

17 그러나 마침내 하나님의 성소에 들어가서야,

악한 자들의 종말이 어떻게 되리라는 것을 깨닫게 되었습니다.

¹⁸ 주님께서 그들을 미끄러운 곳에 세우시며,

거기에서 넘어져서 멸망에 이르게 하십니다.

¹⁹ 그들이 갑자기 놀라운 일을 당하고,

공포에 떨면서 자취를 감추며, 마침내 끝장을 맞이합니다.

²⁰ 아침이 되어서 일어나면 악몽이 다 사라져 없어지듯이,

주님, 주님께서 깨어나실 때에,

그들은 한낱 꿈처럼, 자취도 없이 사라집니다.

(시 74:16-20, 『새번역』)

둘째, 우리 앞에는 두 가지 삶의 길이 놓여 있으며, 우리는 둘 중 하나를 선택해야 합니다²:⁴. 한 가지는 불신앙과 교만과 비뚤어진 길이며, 결국 하나님의 진노와 심판의 화에 휩싸이게 할 길입니다. 다른 하나는 믿음과 신실함의 길입니다. 이 두 번째 길을 걷는 사람은 하나님을 알고 신뢰하며 순종함으로써 (시편 1편에 묘사된 것처럼) 의인들과 함께 살게 됩니다. 그렇다고 해서 우리 주변 세상의 도전과 악과 소란이 제거되거나 줄어들지는 않을 것입니다. 이러한 시련은 지극히 현실적이고 당혹스럽고 이해할 수 없는

일입니다. 그러나 우리는 하나님의 지혜와 주권과 궁극적인 목적에 대한 믿음으로 시련에 맞서야 합니다. 우리는 믿음으로 살도록 부름을 받았고, 믿음으로 의롭게 됨으로써 참다운 삶을 살게 될 것입니다. 그러한 삶의 태도는 분명한 선택이자 결단이며 헌신입니다.

믿음으로 사는 삶은 매일 이루어집니다. 그것은 실제로 우리가 그리스도를 믿고 오직 믿음으로 받는 은혜로써 의롭게 된다는 고전적인 의미의 칭의, 즉 순종으로 자신의 믿음을 입증함으로써 하나님과 올바른 관계를 맺는 첫 번째 행위에서 시작됩니다. 그리고 이 시작은 하나님으로부터 의롭다 칭함을 받은 사람들이 마지막 날에 의인들과 영광스럽게 함께할 것이라는 결말을 확증합니다. 이것이 로마서 8:29-30에 나오는 위로를 가져다주는 확신의 연속입니다. 그러나 이러한 첫 번째 믿음의 행위부터 영광 가운데서 최종 완성에 이르기까지, 우리는 하나님의 세상 안에서 하나님의 주권적인 선한 통치에 대한 믿음을 날마다 새롭게 하며 그것을 토대로 하루하루를 살아갑니다. 우리는 이렇게 행동하기로 선택했습니다. 우리는 이렇게 행동하도록 결심했습니다. 우리는 하나님의 선하심과 주권에 대항하고, 의문을 제기하고, 부정하는 모든 상황 속에서도 그렇게 행동하기를 고집할 것입니다.

그렇다면 이 모든 상황에 대해 하박국은 어떻게 대응할까요? 자! 여기서 하박국은 선택, 결단, 약속을 합니다. 하박국은 이제 항의하는 자세에서 기도의 자세로 돌아섭니다[3:1].[13] 아니, 오히려 찬양을 드립니다. 하박국의 기도에는 심지어 (1절과 19절에서는) 곡조와 악기까지 등장하는 진정한 찬양입니다!

찬송하는 것은 모든 세대 성도들이 공유하는 특징입니다! 성도들은 고난과 고통 속에서도 찬송합니다. 시편에는 외로움, 질병, 거짓 송사, 거친 박해 속에서 부르는 노래가 많이 등장합니다. 그럼에도 불구하고 성도들은 여전히 찬송합니다. 로마의 채찍질로 인해 피비린내 나는 고통과 외상 후 스트레스[PTSD]에 시달리던 바울과 실라는 감옥에서도 찬송을 부릅니다![행 16:22-25] 예수님과 제자들은 예수님께서 피 흘리시기 전 최후의 식사를 함께하면서 '대할렐의 시

---

13 조나단 램(Jonathan Lamb)이 하박국서 강해의 제목인 From Why To Worship(불평에서 예배로의 전환—옮긴이)에서 말했듯이 하박국은 여기서 시적인 두운체(alliterative)로의 전환을 만들어내는 것 같습니다. 마틴 로이드 존스도 『두려움에서 믿음으로: 하박국 메시지』에서 비슷한 방식을 사용합니다.

편'(시 134, 135, 136편)탈무드에서 이렇게 부릅니다—옮긴이을 찬송으로 부릅
니다마 26:30. 오늘날 전 세계의 그리스도교인들은 절망적인
가난과 고통 속에서 살면서 찬송을 부릅니다. 심지어 순교
의 순간까지도 찬송을 멈추지 않습니다!

이제 하박국과 함께 하나님의 성품, 하나님의 이야기,
하나님의 말씀을 되새기면서 찬송드립시다.

하나님의 성품에 대한 새로운 증거를 하박국이 요청하다 (3:1-2)

1 이것은 시기오놋에 맞춘 예언자 하박국의 기도이다.

2 주님, 내가 주님의 명성을 듣습니다.

주님, 주님께서 하신 일을 보고 놀랍니다.

주님의 일을 우리 시대에도 새롭게 하여 주십시오.

우리 시대에도 알려 주십시오.

진노하시더라도, 잊지 마시고 자비를 베풀어 주십시오.

(3:1-2, 『새번역』)

하박국은 앞서 하나님으로부터 들었던 말씀을 인정하
는 것으로 기도를 시작합니다. 다른 이스라엘 사람들과 마
찬가지로 하박국은 (시편과 자신과 함께하는 백성의 이야기를 통

해) 하나님께서 과거에 행하신 일을 이미 알고 있습니다. 그리고 하나님께서 현재 행하시는 일과 미래에 행하실 일을 이미 그에게 말씀하셨습니다.

2절의 "주님께서 하신 일"이라는 단어는 사실 히브리어를 보면 단수형입니다NIV는 복수인 "your deeds"로 번역하였기에 저자는 이를 염두에 두고 한 말입니다-옮긴이. 이것은 하나님께서 "내가 그 일을 벌이겠다"라고 말씀하신 1:5을 의도적으로 연상시키는 것일 수 있습니다. 하박국은 이제 하나님이 하신 "일"이 무엇인지 확실히 알게 되었습니다. 즉, 하박국은 (잠시 후에 찬송할) 과거에 하나님께서 행하셨던 놀라운 일로 인한 하나님의 평판주님의 명성을 알고 있을 **뿐만 아니라,** 하나님께서 하박국에게 들려주신 말씀 덕분에 하나님께서 (바벨론과 모든 악한 제국들과 관련한) 미래에 어떤 일을 하실 계획인지도 알고 있습니다.

하박국은 이러한 사실을 알기에 "주님께서 하신 일을 보고 놀랍니다"라고 말합니다. 실제로 하박국의 말투는 이보다 훨씬 더 강렬합니다. 그는 "나는 두렵습니다!"라고 표현합니다. 즉, "주님, 주님께서 하신 일을 제가 두려워하나이다"ESV라고 표현하는 것입니다. 물론 하나님께서 주권자이시며 모든 인류의 역사를 주관하신다는 사실을 아는 것은 우리에게 참으로 위로가 됩니다. 하지만 앞으로 어떤 일이 벌어질지를 생각하면 여전히 두려울 수도 있습니다! 바빌로니아 사람을 일으켜 세우신 분은 하나님이시며, 그분께서 궁극적으로 그들의 악한 행위를 심판하실 것이라는 사실을 안다는 것은 확실히 안도감을 줍니다. 하지만 그렇다고 해서 바빌로니아 사람이 예루살렘과 하나님의 백성에게 어떤 일을 저지를지 미리 예상하기가 쉽지는 않습니다.

그래서 하박국은 두 가지 요청을 하나님께 드립니다.

1. 과거에도 그랬던 것처럼 오늘날에도 하나님께서 일하실 것이라는 믿음

두 번 반복되는 "우리 시대에"라는 문구는 히브리어로 '세월의 한가운데에'라는 표현과 정확히 같은 표현으로, 강조를 목적으로 반복한 것입니다. 하박국의 말이 의미하는 바는 다음과 같아 보입니다. "주님, 역사 속에서 행하신 당신의 과거 행동과 아직 도래하지 않은 미래의 심판 사이에, 주님이 누구신지 사람들이 알 수 있도록 지금 바로 여기에서 행하시옵소서. **지금** 당신을 알려 주시옵소서!"

이 기도는 하나님 당신의 이름과 명성을 위해 하나님의 능력을 보여 달라는 기도입니다.[14] 이런 내용은 많은 시편에서 찾아볼 수 있는 기도이며, 지금도 우리는 이러한 기도를 합니다. 다음의 기도문과 같이 말입니다.

주님, 우리는 (성경을 읽었기에) 당신께서 과거에 어떤 일을 행하셨는지 알고 있고, (성경이 우리에게 말씀하듯이) 최종적으로 미래에 무엇을 행하실지도 알고 있습니다. 그러나 그 동안 우리는 이해하기 어려운 이 부패하고 악한 세상을 바라보며 주님께서 나서 주시기를 갈망하며 바로 여기에 있습니다. 주님의 정의와 구원의 표징을 우리에게 보여 주심으로써 당신이 어떤 분인지 알게 하소서. 교만한 자를 겸손하

---

14 KJV 번역은 합 3:1을 "오 주여, 세월 한가운데서 주의 일을 회복시키소서"라고 번역하는데, 이 번역은 특정 세대의 그리스도교인들이 기억할 수 있는 다음 찬송의 영감이 되었습니다(아래 찬송은 대한성공회 『성가 2015』에 수록된 317장 「주님의 말씀을」이라는 제목의 찬송과 동일합니다-옮긴이).

당신의 일을 회복시키소서, 오 주여,
주의 강한 팔을 드러내소서.
죽은 자를 깨우시는 음성으로 말씀하소서,
그리고 주의 백성이 듣게 하소서. (앨버트 미들레인, 1858)

게 하소서. 압제자를 물리쳐 주시옵소서. 억눌린 자를 구해 주시옵소서. 잃어버린 자들을 구원해 주시옵소서. 주님, 당신의 일을 행하시옵소서! 우리가 알고 있는 바로 그 하나님이 되어 주옵소서!

하나님을 인정하지 않는 오늘날 사회에서도 우리는 하나님께서 일하시도록 기도해야 합니다. 교만하고 악한 자들을 무너뜨리고, 가난하고 궁핍한 자들을 보호하시며 돌보아 달라고 기도해야 합니다. 우리는 정부와 지도자들을 **위해** 기도해야 하지만_{바울은 우리보고 이렇게 하라고 말합니다}, 때로는 그들이 불의를 행할 때 그들을 **반대하는** 기도도 해야 합니다^{시편} 기자들은 이런 상황에서 우리가 어떻게 기도해야 하는지 그 방법을 보여 줍니다. (회개하고 그리스도께로 돌아와 구원을 얻기를 기도하는) 죄인을 **위한** 하나님의 자비 그리고 고의적으로 불의와 거짓과 폭력을 저지르는 죄인에게 **내리시는** 하나님의 진노까지 모두 아우르는 하나님의 "일"에는 모순이 없기 때문에 두 가지 모두를 행하셔도 서로 배치되지 않습니다. 이것은 하박국이 드린 기도의 다른 부분으로 이어집니다.

2. 하나님이 진노를 행하실 때에도 자비를 기억하실 것이다

"진노하시더라도, 잊지 마시고 자비를 베풀어 주십시오." 이는 정말 위대한 기도입니다! 이 기도는 히브리어로 볼 때 세 개의 짧은 단어로 이루어져 있기 때문에 더욱 강조됩니다. 이 문구를 문자 그대로 번역하면 다음과 같습니다.

- "격렬한 진노 가운데에서
- 긍휼을 보여 주시는 것을
- 기억해 주옵소서."

진노와 긍휼 그리고 진노와 자비의 대조는 (우리의 관점에서 볼 때) 두 단어를 나란히 놓고 두 번째 단어를 "기억해 주옵소서"라고 하나님께 간청함으로써 더욱 극명하게 드러납니다. 하나님께서 당신은 본성적으로 긍휼을 '잊을 수' 없는 분이라고 정의하고 계시기 때문입니다.

이 심오한 기도는 성경에 쓰인 계시라는 전체 이야기를 통해 (우리도 이를 통해 알고 있듯이) 하박국이 하나님에 대해 알고 있었던 모든 것의 핵심이자 진리입니다. 하박국은 지금 두 가지를 확실하게 알고 있습니다.

첫째, **하박국은** (이스라엘에 반대하시고 또한 바벨론 및 열방에 도 반대하시는) **하나님의 의로운 진노를 알고 있습니다.** 하 박국은 모세 이후 여러 세대에 걸친 장구한 이스라엘의 역 사를 통해 하나님의 사랑과 인간과 피조물의 번성을 위한 하나님의 선한 목적을 거스르고 좌절시키는 모든 것에 대 한 하나님의 불가항력적인 반대의 힘에 전율하고 두려워 한 예언자 중 한 사람이었습니다. 하나님이 죄와 악, 불의 와 잔인함, 탐욕과 가난, 정욕과 학대에 대해 진노하지 **않 으신다면** 그분은 과연 어떤 하나님이겠습니까? '하나님의 진노'가 오늘날 우리가 폐기해야 할 중세 시대 신화일 뿐 이라는 생각은 단순히 (예수님의 가르침을 포함하여) 성경 전체 와도 양립할 수 없을뿐더러, 악이 합당한 처벌을 받지 않 고 자행되는 것을 볼 때 우리 속에서 일어나는 본능과 도 덕적 분노와도 양립할 수 없습니다. 악행을 저지른 자들이 아무런 '처벌을 받지 않고' 비웃으며 빠져나갈 때 제한된 인식의 틀을 가진 우리조차 분노로 격분한다면, 과연 모든 역사에서 온 땅의 모든 인류가 저지른 온갖 악에 대해 무 한한 인식의 틀을 가지신 **하나님**은 어떤 반응을 보이실지 우리가 감히 상상이나 할 수 있을까요? "격렬한 진노"라는 표현조차도 아주 약한 표현일 것입니다.

그러나 **하박국은 하나님의 긍휼과 자비도 알고 있습니다.** 이것이 바로 야웨가 누구신지 정의할 수 있는 특징입니다. 실제로 이러한 하나님의 성품은 이스라엘이 시내산에서 하나님과 함께 여정을 시작할 때부터 하나님께서 모세에게 계시하신 자기 정체성의 핵심입니다.

> 5 그 때에 주님께서 구름에 싸여 내려오셔서, 그와 함께 거기에 서서, 거룩한 이름 '주'를 선포하셨다. 6 주님께서 모세의 앞으로 지나가시면서 선포하셨다. "주, 나 주는 자비롭고 은혜로우며, 노하기를 더디하고, 한결같은 사랑과 진실이 풍성한 하나님이다. 7 수천 대에 이르기까지, 한결같은 사랑을 베풀며, 악과 허물과 죄를 용서하는 하나님이다. 그러나 나는 죄를 벌하지 않은 채 그냥 넘기지는 아니한다. 아버지가 죄를 지으면, 본인에게 뿐만 아니라 삼사 대 자손에게까지 벌을 내린다."
>
> (출 34:5-7, 『새번역』)

이제 우리는 6-7a절의 놀라운 말씀과 마지막 문장인 (구약의 나머지 부분에서 자주 인용되는) "그러나 나는…"라는 유명한 말씀 사이에 긴장이 있음을 즉시 알아차릴 수 있습니다. 하지만 이 문맥에서 볼 때, 두 문장의 하나님 말씀은 하박국이 잘 알고 있는 바로 전에 있었던 끔찍한 사건인 출애굽기 32-33장의 이야기를 완벽하게 반영합니다. 이스라엘 백성들은 금송아지로 우상 숭배를 하는 중대한 죄를 지었습니다. 하나님은 실제로 죄인을 벌하려고 행동하셨지만, 모세의 중보기도에 응답하셔서 백성들의 죄를 용서하기로_{문자 그대로 번역하면 '가져가기로'} 선택하셨습니다.

동일한 사건에서 두 가지 차원의 하나님의 성품이 동시에 나타나는 것을 볼 때, 여기에서 우리는 신비와 역설이 있다는 것을 깨달을 수 있습니다.

따라서 야웨는 벌을 내리시는 하나님이자 **또한** 용서하시는 하나님입니다. 야웨는 진노의 하나님이며 **또한** 은혜와 긍휼의 하나님입니다. 우리는 각각의 경우에서 두 번째 성품이 첫 번째 성품을 배제시키도록 허용할 수 없습니다. 하지만 우리가 읽는 현재 본문은 사랑과 진노가 마치 하나님 안에서 동등하거나 상반되는 움직임이나 감정인 것처럼, 이러한 것들을 단순한 공식으로 규정하도록 허용하지 않습니다. 오히려 우리에게 주어진 본문은 여러 가지 형태로 **다섯 가지**

은혜에 대한 선언과 **한 가지** 심판에 대한 선언을 합니다. 그리고 우리는 **수천 대**까지 베푸시는 사랑과 "**삼사 대**"에 걸쳐 내리시는 형벌을 명백하게 대조하고 있습니다.[15]

요점은 백성들이 진노**나** 자비 중 **하나**를 경험한다는 것이 아닙니다. 진노와 자비는 모두 하나님의 성품이지만, 궁극적으로 그의 백성을 대할 때 우세하게 나타내시는 성품은 하나님의 자비라는 것입니다.[16]

이것이 하박국이 알고, 예배하고, 신뢰하는 하나님의 성품입니다. 하박국은 악에 대해 진노하시는 하나님의 실재와 필요성을 받아들이고, **또한** 진노 가운데서도 하나님께서 자비와 은혜를 베풀어 주시기를 기도합니다.

이것은 우리의 유한한 생각으로는 동시에 이해하기 어려운 하나님의 이중적인 진리입니다. 그럼에도 불구하고

---

15   Christopher J. H. Wright, *Exodus: The Story of God Bible Commentary* (Grand Rapids: Zondervan Academic, 2021), 584 (위의 굵은 글씨는 본 책의 표현입니다).

16   R. W. L. Moberly, *At the Mountain of God: Story and Theology in Exodus 32-34* (Sheffield, UK: JSOT Press, 1983), 87. 굵은 글씨는 저의 표현입니다.

우리는 두 부분 모두를 굳건히 붙잡아야 합니다.

결국 이 긴장은 진노와 자비가 만나는 장소인 그리스도의 십자가에서 궁극적으로 해소됩니다. 십자가에서 하나님의 진노와 하나님의 자비가 결합합니다. 즉, 하나님의 진노는 하나님께서 친히 짊어지시고 고통을 당하심으로 해결되며, 하나님의 자비는 하나님께서 자신을 내어 주시고 구원하시는 사랑을 부어 주심으로 나타납니다.[17]

> 십자가에서 보여 주신 하나님의 성품과 행하심에 관한 두 가지 진리가 동시에 그리고 완전히 실현되었습니다. 하나님께서는 결국 죄인을 벌하지 않으신 채로 두신 것이 아니라, "경건하지 않은 자를 의롭게 하시기" 위해, 죄를 모르시는 성삼위일체 하나님께서 우리를 위해 '죄가 되신' 하나님 아들의 인격 안에서 하나님 스스로 죄와 죄책의 결과를 감당

17　이런 이유로 저는 키스 게티(Keith Getty)와 스튜어트 타운엔드 (Stuart Townend)가 지은 아름다운 찬송가 'In Christ Alone'(우리 나라에서는 「예수 안에 소망 있네」라는 제목의 CCM으로 성도들 의 많은 사랑을 받고있는 찬양입니다—옮긴이)의 한 줄을 간단하 게 바꾸고 싶습니다. 하나님의 진노를 (혹은 진노만) 거둬주셨다 고 찬양하는 대신, 하나님의 진노와 사랑, 둘 모두 충족되었음을 송축하는 찬송이 되었으면 좋겠습니다.

하시기로 선택하셨습니다. 심판주가 우리를 대신하여 심판 받으신 이 위대한 우주적 행하심으로, 하나님은 죄를 짊어 지신 사랑이 풍성한 야웨, 이스라엘의 하나님, 자비롭고 은 혜로운 하나님으로서 스스로에 대해 선포하신 모든 것을 증 명하셨습니다.[18]

그래서 하박국은 "주님, 진노하시더라도, 잊지 마시고 자비를 베풀어 주십시오"라고 간절히 기도하는 겁니다.

그러자 하나님은 속삭이며 "하박국아, 내가 그렇게 할 것이다. 그리고 그렇게 하기 위해 내가 어떤 대가를 치를 것인지 너는 알지 못한다"라고 말씀하십니다.

하나님의 능력에 관한 이야기를 하박국이 기억하다 (3:3-15)

이제 우리는 하박국의 기도-찬송의 중심 부분으로 시 선을 옮깁니다. 그리고 우리는 곧바로 이스라엘의 오랜 역 사가 담긴 거친 시적 그림 속으로 빠져드는 자신을 발견 하게 될 것입니다. 여기서 우리는 그 어떤 시의 행 하나조

---

18   Wright, *Exodus*, 585.

차도 문자 그대로 상상해서는 안 됩니다. 지금 우리가 읽는 것은 시로서, 그 이미지는 역사적 인유와 은유가 결합되어 있는데, 그중 일부는 분명하고 일부는 다소 모호합니다. 하박국은 이 땅에서 일어난 일과 하나님이 행하신 일 등 실제 역사를 기억하고 있습니다. 그러나 하박국은 시와 은유라는 풍부한 상상의 언어를 사용하여 그 의미를 묘사하고 있습니다.

넘실거리는 듯한 이미지의 물결은 하나님이 **임재하시는** 경이로운 장면을 묘사합니다. 구약성경 전반에 걸쳐 다양한 모습과 상황에서 하나님의 임재는 극적이고 장엄하며 때로는 말 그대로 땅을 뒤흔드는 일이었습니다. 여기서 하박국의 언어는 이스라엘의 하나님 야웨께서 모든 악의 세력과 전쟁을 벌여 영광스러운 승리를 거두는 거대한 우주적 전투의 개념적 세계관에서 끌어온 것입니다. 이러한 언어는 시편에서도 발견되고 요한계시록에서 일부 요한의 환상 중에서도 지속적으로 등장합니다.

방금 살펴본 요점을 고려할 때, 이 시에서 모든 것의 핵심은 실제 역사적 사건들에서 악인에 대한 하나님의 **진노**와 당신의 백성에게 구원과 해방을 가져다주는 하나님의 **자비**가 모두 결합했다는 것입니다. 이러한 하나님 이야기

하박국, 폭력의 세상에서 믿음으로 살다

의 하이라이트는 "진노하시더라도, 잊지 마시고 자비를 베풀어 주십시오"라고 하는 하박국의 기도가 순서에 어긋난 것이 아니라 하나님의 계획에 부합하는 것이라는 확신을 심어 주었습니다.

3:3-4

3 하나님이 데만에서 오신다.

거룩하신 분께서 바란 산에서 오신다. (셀라)

하늘은 그의 영광으로 뒤덮이고,

땅에는 찬양 소리가 가득하다.

4 그에게서 나오는 빛은, 밝기가 햇빛 같다.

두 줄기 불빛이 그의 손에서 뻗어 나온다.

그 불빛 속에 그의 힘이 숨어 있다. (『새번역』)

이 구절은 특히 출애굽기 19장에 기록된 시내산에서의 사건을 언급하고 있습니다. 데만과 바란은 시내산의 최남단 지역을 지칭하는 시적 이름입니다민 10:12, 신 33:1-2. 시편 68:7-10과 사사기 5:4-5은 야웨께서 당신의 백성과 함께 약속의 땅을 향해 '행진하신' 장소로 시내산을 묘사하고 있습니다.

3:5

질병을 앞장 세우시고,

전염병을 뒤따라오게 하신다. (『새번역』)

이 구절은 이스라엘의 위대한 출애굽 해방 전에 이집트
를 강타했던 재앙문자 그대로 직역하면 '충격'을 암시하는 것일 가능성
이 높습니다.

3:6-7

6 그가 멈추시니 땅이 흔들리고,

그가 노려보시니 나라들이 떤다.

언제까지나 버틸 것 같은 산들이 무너지고,

영원히 서 있을 것 같은 언덕들이 주저앉는다.

그의 길만이 영원하다.

7 내가 보니, 구산의 장막이 환난을 당하고,

미디안 땅의 휘장이 난리를 만났구나. (『새번역』)

모든 피조물의 근원이신 하나님께서는 산도 떨게 하고 녹게 하실 수 있습니다.이 국제적 격변에 대한 이미지는 시 46:2–3에서 다시 등장합니다. 야웨께서 이스라엘 백성을 이끌고 가나안으로 행진하실 때, 앞서 언급한 모세의 노래출 15:14–16와 나중에 라합이 확인했던 것처럼수 2:8–13 열방도 두려움에 떨게 됩니다.

3:8-10a

8 주님, 강을 보고 분히 여기시는 것입니까?

강을 보고 노를 발하시는 것입니까?

바다를 보고 진노하시는 것입니까?

어찌하여 구원의 병거를 타고

말을 몰아오시는 것입니까?

9 주님께서 활을 꺼내시고,

살을 메우시며,

힘껏 잡아당기십니다. (셀라)

주님께서 강줄기로 땅을 조각조각 쪼개십니다.

10 산이 주님을 보고 비틀거립니다. (『새번역』)

하박국의 찬송은 이제 다시 하나님을 향한 노래로 바뀝

니다. "주님… 주님께서…." 이것은 "그렇지 않다. 그렇지 않고 말고"라는 대답을 기대하는 수사적 질문입니다. 하나님은 실제 바다와 강과 산을 향해 진노하지 않으셨습니다. 오히려 하나님은 당신께서 창조하신 이러한 자연적 특징을 사용하여 원수들에 대한 진노를 조절하셨습니다. "강줄기로 땅을 조각조각 쪼개십니다"라는 표현은 광야의 반석에서 물이 나온 사건을 암시한 것일 수도 있지만출 17:1-7, 이 그림 언어는 갈대 바다를 건너고 나중에는 요단강을 건너는 것을 염두에 둔 것으로 보입니다.

3:10b

거센 물이 넘칩니다.

지하수가 소리를 지르며,

높이 치솟습니다. (『새번역』)

이 구절은 부분적으로 기손강이 범람하여 병거를 움직이지 못하게 됨으로써 드보라가 시스라와 가나안 사람들을 상대로 승리한 것을 암시하는 것으로 보입니다삿 4:7, 13; 5:21.

3:11

주님께서 번쩍이는 화살을 당기고,

주님께서 날카로운 창을 내던지시니,

그 빛 때문에 해와 달이 하늘에서 멈추어 섭니다. (『새번역』)

이 구절은 여호수아 10장에 나오는 여호수아가 아모리 족속을 물리친 승리에 대한 언급일 가능성이 매우 높습니다.

3:12-15

12 주님께서 크게 노하셔서 땅을 주름 잡으시며,

　진노하시면서 나라들을 짓밟으십니다.

13 주님께서 주님의 백성을 구원하시려고 오십니다.

　친히 기름 부으신 사람을 구원하시려고 오십니다.

　악한 족속의 우두머리를 치십니다.

　그를 따르는 자들을 뿌리째 뽑아 버리십니다. (셀라)

14 그들이 우리를 흩으려고 폭풍처럼 밀려올 때에,

　숨어 있는 가엾은 사람을 잡아먹으려고 그들이 입을

벌릴 때에,

주님의 화살이 그 군대의 지휘관을 꿰뚫습니다.

15 주님께서는 말을 타고 바다를 밟으시고

큰 물결을 휘저으십니다. (『새번역』)

이 구절들은 하나님께서 당신의 백성을 원수들로부터 구원한 많은 사건을 묘사하는 것일 수도 있지만, 15절에서 다시 바다를 언급하는 것으로 보아 하박국은 그리스도의 죽으심과 부활까지 하나님의 모든 구속 사역의 모델이 된 위대하고 **특별한** 구원, 즉 출애굽 사건으로 돌아간 것으로 보입니다.

하박국이 하나님의 위대한 행하심을 시적으로 낭송하는 것은 다윗이 사울의 손에서 자신을 구해 주신 하나님을 찬양한 것과 비슷합니다. 다윗이 '간결하게' 역사적 구출을 묘사하는 시편 18:6-17을 살펴보시기 바랍니다. 이 사건을 한 문장으로 요약하면 다음과 같습니다. 하나님께서 사울이 다윗을 죽이지 못하도록 막아 주셨습니다. 그러나 다윗은 이 구원을 하박국이 묘사한 것과 매우 유사하게 광대한 우주와 창조적 이미지로 표현합니다. 다윗은 죽음이 눈앞에 다가온 절박한 상황에서 하나님께서 자신을 구하기 위해 천지를 움직이신 것처럼 느꼈습니다.

사실 하박국의 노래는 **모세**의 노래출 15장, **드보라**의 노래 삿 5장, **다윗**의 노래시 18편에 나오는 언어와 주제를 섞어 놓은 것입니다. 하박국은 자신이 부르는 찬송의 내용을 이미 알고 있었습니다! 여기서 잠시 멈춰서 수 세기 전에 쓰인 이 세 가지 위대하고 역사적인 노래를 빠르게 읽어 보세요. 하박국의 노래와 비교할 때 언어, 이미지, 분위기에서 어떤 유사점이 있는지 주목해서 보시기 바랍니다. 하박국이 하나님의 위대한 행하심을 전하는 성경의 놀라운 이야기를 자신의 믿음을 강화하기 위해 어떻게 사용하고 있는지 이제 보이십니까?

이것은 구약성경 시대 이스라엘 사람들에게 하나님의 구원하시는 능력에 대한 믿음과 확신을 높이기 위한 좋은 방법이었던 것 같습니다. 오늘날에도 여전히 이 방법을 사용할 수 있습니다.

찬송을 부르세요! 그리고 부르실 때는 성경의 이야기들을 기억하세요!

이제 하박국은 이 기도-찬송의 중심 부분에서 이스라엘의 역사, 이스라엘의 성경, 이스라엘의 찬송이라는 풍부한 유산을 한 화폭에 담아냅니다. 그리고 하박국은 **자신의**

신앙을 견고히 하기 위해 이렇게 하고 있습니다. 자신의 상상력으로 하나님의 역사를 재현하고 있는 것입니다. 하박국은 마치 목격자인 것처럼 모든 것을 다시 한번 떠올리면서 이야기 속으로 자신을 끌어들이고 있습니다.

이것은 하박국이 속한 이야기입니다.

이것은 하박국이 함께하는 사람들의 이야기입니다.

이분은 하박국이 신뢰하는 하나님입니다.

궁극적으로 하나님의 백성과 함께 하나님의 이야기를 찬양하는 이 노래를 작곡하고 부를 때 나타나는 효과는 두 가지입니다.

첫째, 찬송은 하박국 1–2장의 하나님의 말씀을 확증합니다.

하나님은 당신의 백성을 포함하여 악한 자, 폭력을 저지르는 자, 억압하는 자를 심판하시는 자신의 권능을 강조하셨습니다. 하나님께서는 이스라엘에 대한 심판의 도구로 제국을 사용하시긴 했지만, 경건하지 않고 교만한 제국을 향해서도 '화 외침'을 선포하셨습니다. 이 교훈은 이스라엘의 역사를 관통하고 있습니다. 하나님은 당신의 사명을 반대하는 모든 악한 세력을 물리치고 승리하실 것이며,

하나님은 이스라엘의 과거를 통해 이를 거듭하여 증명하셨습니다. 악의 세력이나 악을 행하는 자가 아니라 언제나 하나님이 최후의 승자가 되실 것입니다. 하나님은 결국 공의를 행하실 것이라고 확신하게 하실 것입니다.

둘째, 찬송은 "우리는 죽지 않을 것입니다"[1:12, 「새번역」]**라는 하박국의 믿음을 확증합니다.**

역사를 통틀어 하나님은 언제나 당신의 백성을 궁극적인 멸망으로부터 보호하셨고, 심지어 하나님께서 이방 대적을 심판의 대리인으로 사용하셨을 때에도 그러하셨습니다. 물론 그러한 심판의 공포 속에서 많은 **개개인**이 결국 죽임을 당할 것입니다. 바벨론이 유다를 침공했을 때 분명 대규모의 죽음이 일어날 것입니다. 예레미야애가와 그 밖의 성경의 다른 곳에서 그 내용을 확인해 보시기 바랍니다.

그러나 **전체로서의 하나님 백성**은 보존될 것입니다. "우리는 죽지 않을 것입니다." 하나님의 백성인 우리는 완전히 멸망하지는 않을 것입니다. 왜일까요? 궁극적으로 우리는 아브라함과 맺으신 하나님의 약속 때문에 구원을 받을 것입니다. 아브라함과 그의 후손들을 통해 땅의 모든 민족이 복을 받을 것이라고 한 바로 그 하나님의 약속 때문에 말입니다.

하박국은 여기서 아브라함의 약속을 언급하지 않지만, 이 약속은 의심할 여지없이 다른 모든 약속의 근간이 되는 배경 이야기입니다. 시내산의 하나님은 모세에게 당신을 아브라함, 이삭, 야곱의 하나님^{출 3:6}, 모든 민족과 온 땅이 속한 하나님^{출 19:5}으로 소개했습니다. 이것이 바로 하나님의 사명이자 그분의 위대한 장기 계획이며 모든 역사, 모든 민족, 모든 피조물을 위한 하나님의 관심사입니다. 하나님은 이러한 보편적인 목적을 이루시는 데 신실하실 것이기 때문에, (인간 또는 사탄적인) 하나님의 대적이 승리하거나 그의 백성이 멸망하는 것을 결코 허용하지 않으실 것입니다.

그러므로 하박국은 성경 이야기, 하나님의 이야기, 약속을 맺고 그 약속이 성취된 이야기, 위대한 구속의 역사, 죽음에 이르지 않을 백성의 이야기를 되풀이함으로써 평안을 얻습니다"우리는 죽지 않을 것입니다".

우리도 동일한 방법으로 평안을 얻어야 합니다.

어쨌든, 우리는 하박국보다 훨씬 더 많은 이야기를 알고 있습니다. 우리는 갈보리 언덕과 빈 무덤에서의 절정을 알고 있으며, 새롭게 창조 될 하나님의 도시에서 맞이할 영광스러운 결말도 알고 있습니다.

우리는 우리가 처한 **세상**은 이해하지 못할 수도 있지만, 우리에게 주어진 이야기는 알고 있습니다. 그리고 우리는 이 이야기를 마음속으로 계속 떠올리며 우리의 믿음을 견고하게 해야 합니다. 사실, 이것이야말로 왜 하박국이 여기서 갑작스럽게 기도-찬송으로 마무리하는지, 달리 이해할 길이 없는 이 장면을 이해하는 데 필수적인 열쇠가 됩니다.

하박국이 하나님의 말씀을 믿음으로 살기로 결심하다 (3:16-19)

이제 하박국의 노래가 끝나고 하박국서의 마지막에 이르렀습니다. 이제 우리는 이 예언자가 어떤 심정일지 알아차릴 수 있을까요? 행복에 겨워 깔깔거리고 박수치며 환하게 웃고 있나요? 아니면 밥 말리Bob Marley와 함께 〈Three Little Birds〉를 부르며 모든 것이 다 잘 될거라고 우리를 안심시키고 있나요? 전혀 그렇지 않습니다. 하나님께서 하박국에게 당장 코앞에 다가올 미래를 보여 주셨기 때문에 그는 여전히 두려움에 떨고 있습니다.

하지만 동시에 우리는 하박국이 믿음으로 견고해진 것을 볼 수 있습니다. 하박국은 어떤 일이 있어도 하나님을 신뢰하고 믿음으로 살아가는 의인 중 한 사람이 되기로 결심합니다2:4. 그래서 하박국은 맺는말에서 놀랍도록 확고한 세 가지 결심을 합니다.

나는 기다릴 것이다…. 나는 기뻐할 것이다…. 나는 뛸 것이다.

얼어버릴 만큼 두려움이 눈 앞에 놓여도 기다리기로 결정하다

(3:16)

그 소리를 듣고 나의 창자가 뒤틀린다.

그 소리에 나의 입술이 떨린다.

나의 뼈가 속에서부터 썩어 들어간다.

나의 다리가 후들거린다.

그러나 나는, 우리를 침략한 백성이

재난당할 날을 참고 기다리겠다.

(3:16, 『새번역』)

이 구절은 처절할 정도로 솔직합니다. 하박국은 자신의

창자, 입술, 뼈와 다리가 모두 두려움에 떨고 있다고 말합니다. 현재 하박국은 감정적으로 만신창이가 된 상태입니다. 입과 사지에 대한 통제력을 잃었습니다. 정신과 육체적으로 붕괴 직전에 있습니다. 왜 그럴까요?

하나님의 말씀이 하박국의 영혼에 깊이 파고들었고, 그는 자기 민족 앞에 놓인 미래에 어떤 일이 일어날지 이미 '보았기' 때문입니다. 바벨론의 침공은 이스라엘이 이전에는 한 번도 경험하지 못한 고통과 죽음, 그리고 국가적 굴욕을 가져다줄 것입니다. 이러한 모든 공포가 하박국의 마음을 아프게 하고 두려움에 휩싸이게 합니다. 다가올 재앙에 대한 불길한 예언자적 직감을 가지고 있던 예레미야 역시 같은 감정에 휩싸였습니다. 그래서 예레미야는 머리 전체가 물로 채워지기를 바라며 울고 또 울었습니다렘 9:1.

하지만 **이 뼈 아픈 자각은 하박국이 기도했던 것의 결과**라는 점에서 더욱 고통스러운 역설이라고 할 수 있습니다! 하박국서의 시작 부분에서 하박국이 자기 나라에서 벌어지고 있는 악과 악인에 대해 하나님께 무엇인가 조치를 취해 달라고 기도했던 것을 기억하시기 바랍니다1:2-4. 그러자 하나님께서는 "너희가 살아 있는 동안에, 내가 그 일을 벌이겠다. 너희가 듣고도, 도저히 믿지 못할 일을 벌이겠다. 이제 내가 바빌로니아 사람을 일으키겠다"라고 말씀하셨습니다:5-6.

하박국은 고대 세계의 끔찍하고 잔인한 전쟁, 즉 군사적 침략, 굴욕적인 전투에서의 패배, 농가와 가옥의 파괴, 장기간 도시가 포위되는 고난, 기아와 질병, 성벽의 붕괴, 학살, 강간과 난동, 포로, 고문, 유배 등 말로 다 표현할 수 없는 고통과 죽음에 대해 너무나 잘 알고 있습니다. 예레미야애가를 훑어보기만 해도 하박국이 예상했던 공포가 얼마나 끔찍했는지 알 수 있습니다. 하박국이 꿈꾸던 안락한 세상이 현실에서는 곧 무너져 내릴 것이었습니다. 그러므로 하박국이 두려움에 떨었던 것은 당연합니다.

그렇다면 현재 우리의 상황은 다른가요?

시리아, 예멘, 에티오피아, 콩고민주공화국, 우크라이나 등 전쟁으로 폐허가 되고 기근에 시달리고 있는 국가들에서는 방금 제가 설명한 내용한 것들이 이미 삶과 죽음이라는 현실의 일부가 되었습니다. 그러나 더 거대한, 전 지구적 붕괴의 징후도 무섭게 다가오고 있습니다. 기후 변화는 세계에서 가장 가난한 나라들을 이미 황폐화시키고 있으며, 최상위 부유 국가 안에 살아가는 가장 가난한 취약계층의 사람들에게 영향을 미치고 있습니다. 가뭄, 홍수,

화재, 폭염, 혹한, 허리케인과 폭우와 같은 극심한 기상 이변은 부유층과 빈곤층을 가리지 않습니다. 지구 기온은 멈출 줄을 모르고 상승하고 있으며 이로 인하여 초래되는 악영향을 늦출 만한 능력이 인류에게 과연 있을지 낙관하기는 어렵습니다. 최선의 시나리오를 가정하더라도 미래는 암울해 보입니다.

게다가 코로나19 팬데믹이 완전히 끝난 것이 아니며, 새로운 변종 바이러스가 재유행할 수 있다는 우려도 있습니다. 바이러스같이 한없이 작은 것이 인간의 어리석음, 정치적 부패, 교만한 자만심과 결합하여 어떻게 전 세계에 그토록 치명적이고 경제적인 파괴를 일으킬 수 있었는지 믿기지 않을 정도입니다. 물론 이러한 팬데믹이 이전에 없었던 것은 아닙니다. 인류는 불과 100년 전만 해도 '스페인 독감' 팬데믹을 겪었고 그전에도 끔찍한 전염병들을 경험해 왔습니다.

그렇다면 서구 문명 전체는 어떨까요? 노예 제도, 식민주의, 세계 자본주의를 주무르던 경제적 제국주의 시대를 거치며 전 세계를 지배해 온 지 500년이 지난 지금, 과거 모든 인류 제국들과 마찬가지로 다시 한번 제국주의 시대가 도래한 것은 아닌지 궁금합니다. 성경은 세계 권력

체제가 흥망성쇠를 거듭한다고 말하는데, 좀더 성경적으로 말하자면 하나님께서 당신의 목적에 따라 인류 역사에서 제국을 일으켜 세우셨다가 무너뜨리신다는 것을 분명히 보여줍니다. 영원히 지속되는 제국은 없습니다. 서구의 '제국' 전체가 자기 숭배적 교만과 우리의 경제를 떠받치고 있는 엄청난 부채의 무게에 짓눌려 무너질 조짐을 보이고 있습니다.[19]

그러나 서구의 권력, 특히 미국이 붕괴하면 서방뿐만 아니라 전 세계가 엄청난 혼돈, 혼란, 고통, 상실감에 휩싸이게 될 것입니다. 2008년의 글로벌 금융 위기는 우리에게 주는 경고였지만 그로부터 배운 것이 있습니까? 이 위기를 몰고 온 사람들은 자신들의 태도를 바꾸었나요? 코로나19 팬데믹은 인간 생명의 연약함을 생생하게 보여 주는 또 다른 경고로 볼 수 있습니다. 인간이 일으킨 인수 공통 전염병동물에서 인간으로 '옮겨가는' 바이러스성 질병—옮긴이이었기 때문에 이번이 마지막 팬데믹은 아닐 가능성이 높습니다. 한낱 바이

---

19   이에 대해 저는 *Here Are Your Gods: Faithful Discipleship in Idolatrous Times* (Downers Grove: IVP Academic, 2020)에서 자세히 설명한 바 있습니다. 『이것이 너희 신이다: 우상 숭배 시대에 그리스도의 제자로 사는 길』, 한화룡 옮김 (서울: IVP, 2022).

러스가 이런 피해를 입힐 수 있다면, 끊임없는 대형 산불과 동식물, 해양 생물, 조류, 곤충 등 다양한 종의 파괴로 인해 앞으로 어떤 결과를 초래할까요? 오염되고 독성화된 육지, 바다, 대기는 우리 인간의 무자비한 약탈로부터 언제까지고 버틸 수는 없습니다. 오직 지구상의 모든 생명을 대표하는 노아와 약속을 맺으신 하나님의 신실하심만이 우리가 세상을 보존할 수 있는 유일한 방법입니다.

저는 제 손주들이 앞으로 반세기를 살아가면서 마주하게 될 미래가 진정 두렵습니다. 하나님께서는 하박국처럼 예언자가 아닌 우리에게 미래를 '보는' 일을 허락하지 않으시기 때문에, 저는 하박국과 같이 가슴이 가파르게 뛰거나, 떨리거나, 또는 육체적 붕괴와 같은 상태에 빠져들지 않습니다. 물론 제가 이 책 전체에서 강조했듯이, 저는 세계 역사를 다스리는 주권자이신 살아 계신 하나님을 굳게 믿으며, 우리가 사는 행성 지구와 인류는 물론이고 제 고향인 작은 나라의 앞날까지도 변함없이 지켜 주실 것을 믿습니다. 저는 하나님을 신뢰합니다! 그럼에도 불구하고 성경에 근거한 이 믿음조차 인간의 어리석음, 탐욕, 무모함, 악이 초래할 궁극적인 비참한 결과로 인해 자연스럽게 느껴지는 뭔가 알 수 없는 두려움까지 없애지는 못할 것 같습니다.

하박국도 이것을 경험했습니다. 믿음과 두려움이 함께 하는 것입니다. 하박국은 단순히 (마틴 로이드 존스의 강해설교 제목의 표현을 빌려서) '두려움**에서** 믿음**으로**' 나아간 것이 아닙니다. 오히려 **저항**으로 씨름하는 두려움에서 신뢰로 둘러싼 두려움으로 나아갑니다. 두려움은 믿음으로 제거되지 않습니다. 대신 성경 전체에서 가장 빈번하게 등장하는 명령인 "두려워 말라"라고 하시는 살아 계신 하나님을 믿음으로 두려움을 통제하고, 몰아내고, 마비시키는 독소를 제거할 수 있습니다. 이것이 바로 하박국이 두려움을 토로하면서도 동시에 강인한 결단으로 두려움에 대응할 수 있었던 비결입니다.

그렇다면 하바국은 이제 무엇을 할 수 있을까요?

하박국은 2:3에서 "기다려라…"라고 하신 하나님의 말씀대로 행할 것입니다. 구체적으로 하박국은 하나님만이 하실 수 있는 일, 즉 악인에게 심판을 내리셔서 역사의 도덕적 균형을 회복하시는 일을 하나님께서 행하실 때까지 기다릴 것입니다. 이 행하심은 하나님께서 바벨론의 손을 이용해 유다를 심판하실 뿐만 아니라 궁극적으로 바벨론의 과도한 폭력과 잔인함에 대해서도 심판하실 것임을 의미합니다. 실제로 기원전 587년 예루살렘이 느부갓네살에게 함락되고 기원전 539년 바벨론이 고레스에게 함락되기까지는 약 50년이 더 걸렸습니다. 따라서 하박국은 바벨론이 함락되는 날을 아마도 보지 못했을 것입니다. 그러나 그는 하나님께서 궁극적으로 이 땅에서 당신의 주권적 정의를 실현하실 것을 알기에 그날을 기다렸습니다.

하박국은 침략과 포위와 국가의 총체적 붕괴라는 공포를 견디면서, 자신이 그토록 두려워하는 일이 하나님의 주권적인 허락 아래 이루어질 것을 알기에 "참고, 기다리겠다"라고 말합니다.

따라서 하박국은 우리가 그를 처음 만났을 때 고민하고 절망하며 조급해하던 질문자에서 지금은 (비록 여전히 두려움에 가득 차 있지만) 하나님의 주권적 정의를 인내심을 가지고 기다리는 신자로 변모합니다. 하나님께서는 하박국에게 (우리가 종종 처해 있는 자리인) 첫 번째 자리질문자—옮긴이를 허락하셨고, 그의 간청과 질문과 불평에 응답하셨습니다. 그러나 이제 하나님은 하박국을 두 번째 자리신자—옮긴이로 불러내어 반응하게 하시고, 하박국서가 끝날 무렵에야 첫 번째 자리에 있을 때 자신이 했던 질문에 대한 답을 깨닫게 됩니다.

끔찍한 상실에도 불구하고 기뻐하기로 결심하다 (3:17-18)

기다리는 것도 중요하며, 기뻐하는 것 또한 중요합니다. 그러나 하박국이 기뻐하기로 결심한 당시의 상황은 끔찍합니다.

> 17 무화과나무에 과일이 없고
>
> 포도나무에 열매가 없을지라도,
>
> 올리브 나무에서 딸 것이 없고
>
> 밭에서 거두어들일 것이 없을지라도,
>
> 우리에 양이 없고 외양간에 소가 없을지라도,
>
> 18 나는 주님 안에서 즐거워하련다.
>
> 나를 구원하신 하나님 안에서 기뻐하련다.
>
> (3:17-18 『새번역』)

17절은 꽤 많이 알려진 구절입니다이 구절을 바탕으로 한 찬양도 있죠!. 하지만 산업화된 사회에 사는 우리는 이 구절에 묘사된 상황이 얼마나 끔찍한지 상상하기가 어렵습니다. 우리가 먹는 음식의 대부분은 슈퍼마켓 진열대나 택배 배달을 통해 공급받습니다. 농업, 수확, 도축, 가공, 보존, 유통에 관한 모든 복잡한 이야기는 우리 눈에 보이지도 않고 (보통) 관심 밖의 일입니다. 우리가 직면하는 최악의 상황은 크리스마스 시즌에 식료품을 비축해야 할 때, 혹한이 닥쳐 푸드트럭을 운행할 수 없을 때, 팬데믹으로 인해 봉쇄령이 내려져 노약자가 염려될 때, 트럭 배달자가 부족해 슈퍼마켓 진열대가 텅 비어 있을 때 (또는 평소 즐겨 먹던 다양한 음식이 부족할 때)입니다. 하지만 우리에게는 냉장고가 있고, 통조림 음식이 있고, 온라인 배송이 있고, 친절한 이웃 등이 있습니다. 산업화된 도시에 사는 우리가 아직도 지구 곳곳에 남아 있는 기아 문제를 직접 직면하기까지는 오랜 시간이 걸릴 것입니다.

따라서 우리는 하박국이 3:17에서 기대하는 긍정적인 그림을 온전히 느끼지 못할 수도 있습니다. 실제로 하박국이 처한 현실은 모든 생명과 생존의 원천이 완전히 그리고 절대적으로 상실된 상태입니다. 하박국은 바벨론이 조그마한 자신의 조국을 침공할 경우 일어날 수 있는 끔찍한 상황을 직면하고 있습니다. 하박국이 17절에 나열하는 상황을 우리의 현실에 맞추어 다시 말하자면 다음과 같습니다.

과일과 채소가 없고

마실 와인이 없고

먹을 올리브나 불을 지피거나 요리할 기름이 없고

밀과 보리와 같은 곡물이 없으므로 빵을 구울 밀가루도 없고

양이나 소가 없으므로 우유나 육류 섭취가 불가능하고

생명을 유지할 어떤 음식도 없고

기아와 빈곤뿐이다.

이것이 침략과 정복 아래 있는 하박국과 백성들의 운명이었을지도 모릅니다. 고대 세계에서 정복군은 힘없는 희생자들, 특히 과거 바벨론에 충성을 맹세했지만 반란을 일으킨 국가인 유다와 같은 나라들에게 정확히 이런 종류의 형벌을 가했습니다. 농작물을 불태우고, 가축을 도살하고, 과일나무와 포도밭을 뿌리째 뽑고, 사람들을 굶겨 죽였습니다. 오늘날에는 어떻습니까? 오늘날 세계에서는 기반 시설을 파괴하고, 낙농업지, 병원, 학교를 폭격하고, 마을을 불태우고, 네이팜탄^{화염성 폭약의 원료로 쓰이는 젤리 형태의 물질—옮긴이}으로 사람들을 재로 만들어 버리며, 지뢰를 심어 농경지를 오염시키고, 과수원과 숲에 고엽제를 살포해 오염시키고, 인구 전체를 절대 빈곤으로 내몰기도 합니다.

전쟁은 지옥입니다. 과거에도 그랬고 지금도 마찬가지입니다.

하박국에게 이 끔찍한 운명은 지금 당장은 일어나지 않지만, 마음속으로 충분히 예상할 수 있습니다. 하지만 머릿속으로 상상의 나래를 펼치던 하박국은 18절에서 놀라운 결심을 하게 됩니다.

나는 주님 안에서 즐거워하련다.
나를 구원하신 하나님 안에서 기뻐하련다.

시편에서 우리는 종종 시편 기자들이 기뻐한다고 선포하는 것을 볼 수 있습니다. 하지만 그런 경우 시편 기자들은 보통 그 이유를 설명합니다. 그들은 하나님께서 자신들을 위해 행하신 일이나 하나님의 은혜로우심과 복 내리시는 어떤 표지로 **인하여** 기뻐하고 있습니다. 하지만 여기 하박국서에서는 그런 일이 일어나지 않습니다. 하박국은 무엇인가로 **인하여** 기뻐하는 것이 아닙니다. 그저 '아무것도 없는' 가운데서 기뻐하고 있습니다. 하박국이 말했듯이 **하나님 한 분 외에는** 자신을 기쁘게 할 수 있는 것은 아무것도 없습니다.

하박국의 기쁨은 하나님이 주시거나 약속하시는 어떤 좋은 것으로 인함이 아니라 하나님과의 관계, 즉 주님이자 구원자이신 하나님 그분에게 있습니다. 또한 비록 그런 '좋은 것'이 없다고 하더라도 하박국은 하나님 한 분으로 인해 기뻐할 것입니다.

하박국은 현실을 직시하면서도 하나님과 맺는 관계로 인해 기뻐합니다.

이것은 엄청난 도전입니다. 이와 더불어 여러분께 정직하게 말씀드리자면, 하박국이 여기서 말하고자 하는 것을 제가 얼마나 그리고 어떻게 구체적으로 말할 수 있을지는 모르겠습니다. 제가 할 수 있는 것은 그저 믿음의 상상력을 가지고서, 하박국 시대와 같은 상황이 저에게 찾아 온다면 하나님께서 그것을 가능하게 해 주실 거라고 신뢰하는 것뿐입니다.

저는 가끔 제 스스로 '현실 점검'을 하곤 합니다. 만약 하나님께서 제게 맡겨 주신 사역, 특별히 설교와 강의와 글쓰기를 통해 하나님을 섬기는 이 모든 것을 한순간에 잃어버린다면 어떻게 될까? 하고 말입니다 예를 들어, 제가 말하는 능력을 상실하여 다시는 하나님의 말씀을 전할 수 없게 되면 어떻게 될까요? 또는 뇌졸중이 와서 더 이상 책을 쓸 수 없을 만큼 똑바로, 그리고 명확하게 사고할 수 없다면 어떻게 될까요? 아니면 어떤 식으로든 마비가 와서 말하거나 글을 쓸 수 없게 되었다면 어떻게 될까요?

이런 일이 발생하더라도 여전히 제가 하나님의 사랑을 받고 있으며 그분과의 관계에서 기뻐할 수 있다고 확실할 수 있을까요? 하나님 안에서 저의 삶은 제가 그분을 위해 무엇을 **할 수** 있는지에 달려 있는 것이 아니라, 제가 그분께 어떤 존재이고 그분이 저에게 어떤 존재인지에 달려 있다는 것을 아는 기쁨으로 만족할 수 있을까요? 제가 할 수 있는 것은 그저 그렇게 되기를 기도하고, 하박국 3:18을 진정으로 고백할 수 있기를 기도하는 것뿐입니다. 또한 하나님의 자비하심으로 이런 상황이 절대 일어나지 않기를 기도할 뿐입니다.

지난 2010년에는 아이티에 대지진이 발생했었습니다. 끔찍한 혼란 속에서 한 서구권의 저널리스트는 이런 때 서양인의 마음속에 떠올리기 쉬운 무신론적 회의주의를 표현하며 폐허의 잔해 위에 앉아 있던 한 여성에게 "당신의 하나님은 지금 어디에 있습니까?"라고 질문했습니다. 그 여성은 질문 자체에 다소 의아해하는 표정을 지으며 곧바로 이렇게 대답했습니다. "항상 계시던 곳, 바로 여기 제

곁에요."

현재 부룬디에서 일하고 있는 올네이션스 크리스천 칼리지 출신의 제 친구가 자신의 동료 선교사 한 명에 대한 이야기를 들려준 적이 있습니다. 2004년 르완다 대학살 이후, 그 선교사는 난민 캠프에서 빈 그릇을 들고 기도하는 한 노인을 보았는데, 그는 5일이나 걸어서 그곳에 도착한 것이었다고 합니다. 선교사는 노인에게 무슨 사연이 있는지 물었습니다. 노인은 누더기 옷을 입고 있었고 수중에 가진 것이라고는 아무것도 없었습니다. 이제 80대였던 노인은 자신의 아내와 자녀가 무참히 난도질당해 죽고 집이 불에 타는 것을 눈앞에서 목격했습니다. 이제 아무것도 가진 것이 없었죠. 하지만 이 끔찍한 이야기가 끝날 무렵, 노인은 선교사를 향해 이렇게 말했다고 합니다. "선교사님, 저는 예수님이 제게 전부라는 사실을 그분이 오로지 제가 가진 전부가 되기 전까지는 깨닫지 못했습니다."

이 이야기를 소리 내어 말하다 보면 목이 메여서 차마 끝까지 말을 잇지 못하곤 합니다. 이런 상황은 제 상상을 훨씬 초월하는 상황입니다. 그러나 하박국은 이와 같은 상황에 직면할 자신의 모습을 상상하며, 하나님 한 분만이 자신에게 필요한 모든 것이 되시고 그분으로 인해 기뻐하기로 결심합니다.

여러분은 그렇게 할 수 있나요? 저는 그렇게 할 수 있을까요?

모든 장애물 앞에서 힘을 얻기로 결심하다 (3:19)

이제 우리는 하박국의 마지막 고백, 마지막 의지와 의도를 알 수 있는 결론에 이르렀습니다. 예언서 전체를 통틀어 봐도 이례적인 찬송^{"수금으로"}이라는 탁월한 방법으로 끝맺습니다!

주 하나님은 나의 힘이시다.
나의 발을 사슴의 발과 같게 하셔서,
산등성이를 마구 치닫게 하신다.

이 노래는 음악 지휘자를 따라서, 수금에 맞추어 부른다.
(3:19, 『새번역』)

다시 한번, 여기서 우리는 하박국이 어떻게 자신의 의문과 항의를 하나님에 대한 지극히 개인적인 믿음으로 바

꾸어 놓았는지 알 수 있습니다. 하나님은 **"주님"**_{18절. 굵은 글씨}
_{는 저의 강조 표현입니다}이시며, **"나의 힘"**_{19절. 굵은 글씨는 저의 강조 표현입니다}이십
니다.

하박국이 앞서 "기다리겠다"고 말했지만, 그냥 **앉아서**
기다리지만은 않을 것입니다! 하박국은 세상의 혼란으로
부터 물러서지 않으며, 모든 괴로움과 위험으로부터 도망
치지 않습니다. 이 기다림은 **수동적**인 기다림이 아닙니다.
오히려 16-18절의 기다림과 기쁨은 활기차고 결단력 있
는 행동으로 이어집니다. 하박국은 행동으로 **뛰어듭니다.**

하박국의 발을 보십시오. 하나님을 위해 움직이고 있습
니다!

악인에 대한 하나님의 심판이라는 재앙이 다가온다고
해서 그것이 절대 모든 것을 멈출 핑계가 될 수는 없습니
다. 하박국은 예언자입니다[1]. 하박국은 하나님으로부터
사명을 받았습니다. 그래서 하나님의 힘을 의지하고 계속
전진할 것입니다.

아마도 찬송의 중간 부분에서 그랬던 것처럼 하박국은
이곳에서도 시편 18편을 다시 기억하고 있을 것입니다.

---

32 하나님께서 나에게 용기를 북돋우어 주시며.

하나님께서 나의 길을 안전하게 지켜 주신다.

33 하나님께서는 나의 발을 암사슴의 발처럼 빠르게 만드시고,

나를 높은 곳에 안전하게 세워 주신다.

(시 18:32-33, 『새번역』)

하지만 여기에는 큰 차이가 하나 있습니다. 시편 18편은 다윗이 놀라운 구원을 받은 후 하나님을 찬양하고 원수를 물리친 승리를 축하하는 장면을 묘사한 것 같습니다. 반면에 하박국은 조국의 처절한 패배와 멸망에 직면하여 다윗과 같은 단어를 사용하고 있는 것입니다. 하박국은 현재 축하할 일이 전혀 없습니다. 그러나 이 암울한 운명을 예상하는 가운데서도 **하나님의 사명은 계속됩니다.** 하나님께서 하박국에게 힘을 주시는 한 그는 하나님이 주신 사명에 충실할 것입니다.

이것 또한 우리에게 교훈이 됩니다.

사방이 무너져 내리는 듯한 세상에서는 누구나 자칫 우울한 무관심에 빠지기 쉽습니다. 우리가 하나님을 위해 할 수 있다고 생각하는 모든 일도 큰 틀에서 보면 전혀 달라지지 않는 것처럼 보입니다. "내가 뭐하러 설교를 하고, 강연과 세미나를 하고, 책을 쓰고, 교회와 선교 단체에 헌

금을 하고, 최전선에서 하나님을 섬기는 분들을 위해 기도하고 있지…? 상황은 계속 악화되고 나쁜 놈들은 승승장구하고 가난한 사람들은 여전히 고통받는다면 뭐하러 매일 같이, 해마다, 평생 동안 이 모든 일을 계속해야 하지?"라고 자문하고 싶은 유혹에 쉽게 빠지게 됩니다.

그런 감정이 생길 때는 하박국서의 이 **마지막** 구절을 붙잡는 것보다 하박국서의 첫 구절로 되돌아가는 것이 더 수월해 보입니다. 하지만 하박국서 전체에서 우리에게 던지는 도전은 처음부터 항의와 불평의 틀에 갇히지 말라고 촉구하는 것입니다비록 이러한 항의와 불평이 받아들여지고 하나님께서 들으셨음에도 불구하고 말입니다. 오히려 하박국이 무너져 가는 세상 가운데 당연히 느낄 수밖에 없는 두려움 속에서도 결국 마지막에는 믿음, 기쁨, 결단의 고백을 했듯이, 우리도 이 여정에 동참해야 합니다.

남미 전역에서 랭엄Langham 설교 운동을 이끌고 있는 콜롬비아 출신의 또 다른 제 친구는 우리 팀과 함께 나누고 기도하는 시간에 자국의 끔찍한 사회, 정치, 경제 상황에 대해 이야기하곤 합니다. 그 친구는 자신이 '하박국의 시간'을 견디고 있다고 느낀다고 합니다. 친구의 표현을 빌리자면, "축복 없이 믿음으로 살아가는 삶"입니다. 제 친구와 동료들은 큰 악과 고통으로 깨지고 무너져 내려가는 상황 속에서도 끈질기게 사명을 이어가고 있습니다.

여기에도 진정한 영적 전투가 있습니다. 19절의 "높은 곳"^{개역개정}이라는 표현은 구약성경에서 일반적으로 이교도들이 바알을 숭배하고 그 우상 숭배의 모든 타락한 관습을 다르던 높은 장소^{자연적이든 인공적이든}, 즉 '산당'을 지칭하는 표현입니다. 하나님의 심판이 이스라엘에 임하게 만든 주요 원인은 이스라엘에 이런 극도로 불경건한 장소가 존재했기 때문입니다.

따라서 하박국이 여기서 말하고자 하는 바는 모든 예언자의 사명이자 임무인 우상 숭배를 대적하는 설교를 앞으로도 계속하겠다는 뜻일 것입니다. 하박국은 하나님의 힘으로 이 높은 곳을 마구 밟아버릴 것입니다. 하박국은 가나안의 유혹하는 신이든 바벨론의 위협하는 신이든 모든 거짓 신들을 상대로 이스라엘의 "주 하나님"의 우월성과 승리를 선포할 것입니다. 예언자로서 하박국의 사명은 하나님의 진노를 불러일으키는 우상 숭배를 발아래에 두고 밟는 것이었습니다. 그러므로 하박국은 이를 위해 계속 달려갈 것입니다. 그리고 멈추지 않고 자신의 사명을 완수할 것입니다!

이것은 지금도 하나님의 백성이 지켜야 하는 사명 중 하나입니다. 우리의 사명은 말과 행동으로 하나님을 대적하고 인간을 노예로 삼는 모든 우상 숭배적인 체제, 이념, 권력에 대항하며 살아 계신 하나님의 구속하시는 주권을 선포하고 입증하는 것입니다. 주님께서 통치하신다고 열방에 선포하세요!^{시 96:10} 하늘이 다스리신다고 선포하세요!^{단 4:26}

이를 신약성경의 표현으로 바꾸면, 하나님 나라의 복음이 됩니다.

예수님은 주님이십니다!

결국 우리는 하나님의 모든 땅에서, 하나님의 모든 힘으로, 하나님의 영광만을 위해 이 우주적 진리를 증거하도록 부름 받았고 사명을 받았습니다.

그래서 하박국은 다음과 같이 놀라운 세 가지 고백으로 끝을 맺습니다.

- 하나님께서 구원과 정의에 대한 약속을 지키실 것이기 때문에 나는 **기다릴** 것입니다.
- 하나님께서 언제나 나의 구원자가 되시기 때문에 나는 **기뻐할** 것입니다.

● 하나님께서 내게 힘을 주시는 분이기 때문에 나는 **선교에 매진할** 것입니다.

하박국의 여정은 절박한 질문으로 시작했습니다. 그리고 이 여정은 승리의 믿음과 결단으로 끝을 맺습니다.

우리의 여정도 하박국과 출발점이 비슷하다면 목적지도 같을 것입니다.

1. (실제로) 하나님께 진노 가운데에도 자비를 기억해 달라고 했던 하박국과 같은 기도를 한다는 것은 무엇을 의미하나요? 그런 기도에 대한 하나님은 어떤 응답을 어떤 주실까요?

2. (구약과 신약을 아우르는) 성경을 하나의 이야기로 보지 못하는 것과 그렇게 여기지 않는 것은 오늘날 교회가 세상의 악에 직면했을 때 약해지고 실패하는 이유 중 하나일까요? 그렇다면 그로 인해 나타나는 현상에 대해 우리는 무엇을 할 수 있을까요?

3. 하박국서의 마지막 네 구절3:16-19은 여러분이 신앙생활을 하면서 가지는 경험, 감정, 헌신을 어떻게 반영하고 있습니까?

나가는 말

하박국에게 감사의 마음을 담은 작별을 고하면서, 이 여정에서 우리가 배운 몇 가지 중요한 교훈을 요약해 보는 것이 도움이 될 것입니다. 두려움이 고조되고 인간의 폭력과 '자연' 재해의 주기가 가속화되는 이 세상에서 살아 계신 하나님을 알고 그의 아들 예수 그리스도를 믿는 우리는 어떤 사람이 되라고 부름을 받았을까요? 앞선 장들을 다시 훑어보면 적어도 다음 다섯 가지 면에서 도전을 받을 수 있을 것입니다.

우리는 세상에서 일하시는 하나님을 찾는 사람으로 살도록 부름 받았습니다

하박국의 첫 질문에 대한 응답으로 하나님께서는 "내가 이제 행할 것이다"라고 말씀하십니다. 그래서 하박국은 첫 질문을 던진 후, 이제 하나님께서 여전히 당신의 세상에서 활동하고 계시며 여전히 통치하신다는 것을 깨닫습니다. 여전히 세상은 무척이나 두렵지만, 이 세상은 하나님의 손바닥 안에 있습니다.

따라서 우리는 하박국처럼 역사와 자연의 세계에서 하나님이 여전히 주권자라는 것을 깨닫고 신뢰하며 분별할 수 있는 용기가 필요합니다. 우리는 이러한 관점을 염두에 두고 뉴스에 귀를 기울여야 합니다. "너희는 민족들을 눈여겨 보아라 ···"1:5, 「새번역」. 일하고 계시는 하나님을 주의 깊게 살펴보시기 바랍니다. 하나님 나라의 겨자씨가 무엇인지 잘 분별하시기 바랍니다. 요셉처럼 때로는 지나고 나야 비로소 깨닫게 되는 알 수 없는 미래에 대해서 우리는 굳건한 확신을 가져야 합니다. 또한 본질적으로 악한 것그리고 가해자들이 그렇게 하게끔 의도했던 것조차 통치하시는 주권자 하나님께서 선한 것으로 바꿀 수 있는 방편이 되어 주실 것임을 우리가 깨닫기를 바랍니다창 50:20.

우리는 믿음으로 사는 사람으로 살도록 부름 받았습니다

언제 어떻게 될지 우리는 모르지만, 온 땅의 심판자는

궁극적으로 역사 속에서 심판과 구원하심을 통해 또는 마지막 날에 있을 최후 심판이라는 대대적인 교정을 통해 정의를 행하실 것입니다. 하나님은 모든 그릇된 것을 고치시고 모든 것을 바로잡으신 후 새 창조를 통해 만물을 새롭게 하실 것입니다.

하나님께서는 당신을 믿으라고 말씀하십니다. 하나님의 주권적 정의와 하나님의 주권적 은혜를 믿는 믿음으로 계속해서 살아가시기 바랍니다.

이렇게 믿음으로 사는 것은 이 시대를 살아가는 우리에게 주어진 진정한 도전입니다. 하지만 이런 삶은 '의로움'의 필수 요소입니다. 믿음으로 사는 것은 하나님의 은혜와 구원을 바탕으로 하나님과 올바른 관계를 맺고, 겸손히 신뢰하며, 우리에게 맡겨진 소명에 대해 충실함으로 살아가는 것을 의미합니다. 우리는 믿음으로 구원을 받았으며, 일상 가운데 수많은 선택과 삶의 방향을 올바르게 정하고 믿음으로 살아가야 합니다.

우리는 탄식과 항의가 담긴 기도를 하는 사람으로 살도록 부름 받았습니다

하박국은 시편에 등장하는 많은 사람들을 비롯해 성경에 등장하는 많은 사람들과 같이 탄식으로 **하나님께** 부르짖고 삶의 주변에 만연한 악에 대하여 항의했던 사람 중한 사람입니다. 하지만 우리는 어떤가요? 하나님께 탄식과 항의의 기도를 하고 있나요? 아니면 그저 서로에게 불평과 항의만 하고 있나요?

우리는 종종 교회에서 드리는 예배 시간에 정치 지도자들을 위해 기도하고, 바울이 가르친 대로 기도해야 합니다 딤전 2:1-3. 정치 지도자들은 하나님의 지혜와 능력이 필요합니다. 그들에게도 복음이 필요합니다. 그렇습니다. 우리는 위정자들이 회개와 구원에 이르도록 그리고 정의를 행하도록 그들을 **위해** 기도할 수 있고 또 그래야만 합니다.

그렇다면 우리는 지도자를 **대항하여** 기도한 적은 있습니까? 시편은 위정자들로 인해 불의, 거짓, 고통, 가난이 끊이지 않을 때 분명히 그들에게 대항하는 기도를 합니다. 시편 기자들은 고통받는 사람들을 대신하여 산당에서 벌어지는 죄악에 **맞서** 하나님께 호소합니다.

주님, 일어나십시오.

하나님, 손을 들어 악인을 벌하여 주십시오.

고난받는 사람을 잊지 말아 주십시오. …

가련한 사람이 주님께 의지합니다. …

악하고 못된 자의 팔을 꺾어 주십시오.

그 악함을 샅샅이 살펴 벌하여 주십시오.

(시 10:12, 14절, 15절, 『새번역』)

시편은 이와 같은 기도로 가득합니다. 하지만 교회에서 이런 기도를 들어 보신 적이 있나요? "아버지의 나라가 오게 하시며, 아버지의 뜻이 하늘에서와 같이 땅에서도 이루어지게 하소서"라고 기도하는 것은 분명 시편에 등장 하는 탄식과 항의로 드리는 기도의 의미를 포함하고 있습니다.

우리는 하나님의 이야기, 즉 구약과 신약을 하나의 성경 전체로 알고 살도록 부름 받았습니다

하박국은 자신의 동족 이스라엘의 역사에서 일어난 위대한 에피소드들, 즉 과거에 있었던 하나님의 위대한 구원하심을 생생한 시로 낭송합니다. 하박국은 자신이 처한 이야기, 즉 우리가 지금 성경에서 읽고 있는 이야기를 알고 있습니다. 하박국은 이 이야기를 요즘 표현으로 웅장한 '예배 찬송'이라고 할 수 있는 노래를 통해 기억하면서, 분노와 두려움 가운데서도 희망과 믿음을 회복합니다. 우리도 이렇게 해야 합니다. 우리는 (성경에서) 지금까지의 이야기를 알고 있을 뿐만 아니라 그 이야기가 어디로 이어지고 어떻게 끝나는지 알고 있기에 소망을 가져야 합니다.

우리가 사는 세상은 죄, 어리석음, 우상 숭배, 불의, 고통으로 가득 차 있기 때문에 우리가 처한 현실의 상황을 피해 갈 수 없습니다. 이것이 세상의 이치입니다. 그런데 세상의 이야기에만 집중하다 보면 하박국의 첫 질문에 머물러 버리기 쉽습니다. 우리는 우리 주변에 보이는 세상, 즉 우리의 마음을 아프게 하는 타락하고 무너진 세상을 결코 무시하고 살 수는 없을 것입니다.

그러나 하박국서(그리고 심지어 성경 전체)는 세상의 이야기와 **분리된** 것이 아니라 그것을 흡수하고 포용하며 초월하는 **또 다른** 이야기에 따라 살도록 우리를 부릅니다. 이 또 다른 이야기란 아브라함, 이스라엘, 예언자들에게 약속된 하나님의 구속하시는 사명이 하나님의 아들 예수님의 삶, 죽음, 부활을 통해 성취되고, 하나님께서 새 창조를 통해서 인류의 모든 역사와 하늘과 땅에 속한 만물을 그리스도 안에서 하나로 화해하도록 이끄실 때 완성될 것이라는 이야기입니다. 이것이 바로 우리의 이야기입니다. 우리는 이 이야기 안에 살고 있습니까? 우리 주변 세상이 무너지거나 위험천만한 일들이 가득해도 성경 전체의 이야기로 인해 우리의 믿음이 견고해지고 기쁨이 샘솟고 있습니까? 혹시 성경이 이 세상과 새 창조 세계에서 우리의 삶에 의미와 목적을 부여하는 원대한 내러티브인 것이 아니라 그저 매일 먹는 종합 비타민처럼 무작위로 뽑히는 올해의 말씀 구절을 담은 상자가 되어 버린 것은 아닌가요?

우리는 하나님을 위한 사명을 가진 사람으로 살아가도록 부름 받았습니다

하박국은 그저 가만히 앉아서 하나님이 개입하시기만을 기다리는 것이 아닙니다. 오히려 하나님의 힘에 의지하여 예언자로서의 사역을 계속하기 위해 뛰어나갑니다. 방금 우리가 살펴본 바와 같이, '산당'은 아마도 바알을 숭배한 장소였을 것이며, 그에 따르는 모든 부도덕한 행위를 의미했을 것입니다. 하박국과 같은 예언자들은 이러한 우상 숭배와 그로 말미암아 초래된 사회적 파괴라는 끔찍한 결과를 막기 위해 대해 끊임없이 목소리를 높였습니다. 우리와 마찬가지로 하박국의 사명은 그러한 불의, 폭력, 고통을 낳는 모든 우상 숭배를 폭로하고 대항하며 사람들이 회개하도록 촉구하는 것이었습니다. 하박국은 이제 통치자이신 주님의 힘으로 힘차고 결단력 있게 그 사명을 완수할 것입니다.

그렇다면 이제 우리의 사명은 무엇입니까? 여러분 개개인의 사명은 무엇입니까?

우리는 분명 우상 숭배적이고 폭력적이며 무서운 세상을 살아가고 있습니다. 그런 의미에서 오늘날은 하박국 시대 이후로 변한 것은 거의 없습니다. 그러나 이런 세상에서도 우리는 여전히 분별력을 갖춘 사람, 믿음의 사람, 기도의 사람, 성경에 근거한 사람, 말과 행실로 총체적 선교에 적극적으로 참여하는 사람으로 부름받았습니다.

부디 우리 역시 하박국처럼 통치자이신 주님께서 우리의 기쁨과 힘이 되심을 알고 믿음의 순종으로 응답하기를 바랍니다.